爱阅读课程化丛书/快乐读书吧

爱阅读

人类的故事

[美] 亨德里克·威廉·房龙 / 著
立　人 / 编译

无障碍精读版

课外阅读佳作，爱阅读课程化丛书

分级阅读点拨 · 重点精批详注 · 名师全程助读 · 扫清阅读障碍

天地出版社 | TIANDI PRESS

图书在版编目（CIP）数据

人类的故事 / (美) 亨德里克·威廉·房龙著 ; 立人编译 . — 成都 : 天地出版社 , 2024.5
（爱阅读）
ISBN 978-7-5455-8058-7

Ⅰ . ①人… Ⅱ . ①亨… ②立… Ⅲ . ①人类学－青少年读物②世界史－青少年读物 Ⅳ . ① Q98-49 ② K109

中国国家版本馆 CIP 数据核字 (2023) 第 243121 号

RENLEI DE GUSHI

人类的故事

［美］ 亨德里克·威廉·房龙 著　　立 人 编译

—— 阅读·成长 ——

出品人　杨　政

项目统筹　田佰根　王　猛　万可彪　赵亚珍
监　　制　刘俊枫　王莉莉
营销策划　田金香　吴　淼
责任编辑　李　倩
责任校对　曾孝莉
装帧设计　宋双成
排版制作　书香文雅
责任印制　白　雪

出版发行　天地出版社
（成都市锦江区三色路 238 号　邮政编码：610023）
（北京市方庄芳群园 3 区 3 号　邮政编码：100078）
网　　址　http://www.tiandiph.com
电子邮箱　tianditg@163.com

印　　刷　三河市祥宏印务有限公司
版　　次　2024 年 5 月第一版
印　　次　2024 年 5 月第一次印刷
开　　本　700mm × 1000mm　1/16
印　　张　17　　彩插　0.375
字　　数　261 千
定　　价　24.80 元
书　　号　ISBN 978-7-5455-8058-7

人类从哪里来的问题

人类开始制造工具

文明的发源地——尼罗河

古希腊的戏剧

美国独立战争

艺术的发展

总序

北京书香文雅图书文化有限公司的李继勇先生与我联系，说他们策划了一套“爱阅读”丛书，读者对象主要是中小学生，这套书可以作为学生的课外阅读用书，希望我写篇序。作为一名语文教育工作者，为学生推荐优秀课外读物责无旁贷，在最近“双减”政策的大背景下，也更有意义。

一、“双减”以后怎么办？

前不久，中共中央办公厅、国务院办公厅印发了《关于进一步减轻义务教育阶段学生作业负担和校外培训负担的意见》，对义务教育阶段学生的作业和校外培训作出严格规定。这是一件好事。曾几何时，我们的中小学生作业负担重，不少孩子不是在各种各样的培训班里，就是在去培训班的路上。孩子们“学”无宁日，备尝艰辛；家长们焦虑不安，苦不堪言。校外培训机构为了增强吸引力，到处挖墙脚；有些老师受利益驱使，不能安心从教。他们的行为破坏了教育生态，违背了教育规律，严重影响了我国教育改革发展。教育是什么？教育是唤醒，是点燃，是激发。而校外培训的噱头仅仅是提高考试成绩，让孩子在中高考中占得先机。他们的广告词是“提高一分，干掉千人”，他们大肆渲染“分数为王”。在这种压力之下，孩子们面对的是“分萧萧兮题海寒”，他们不得不深陷题海，机械刷题。假如只有一部分孩子上培训班，提高的可能是分数。但是，如果大多数孩子或者所有孩子都去上培训班，那提高的就不是分数，而只是分数线。教育的根本任务是立德树人，是培根铸魂，是启智增慧，是让学生德智体美劳全面发展，是培养社会主义建设者和接班人，是为中华民族伟大复兴提供人才，而不是培养只会考试的“机器”，更不能被资本绑架。所以中央才“出重拳”“放实招”，目的就是要减轻学生过重的课业负担，减轻家长过重的经济和精神负担。

“双减”政策出台后，学生们一片欢呼，再也不用在各种培训班之间来回奔波了，但家长产生了新的焦虑：孩子学习成绩怎么办？而对学校老师来说，这是一个新挑战、新任务，当然也是新机遇。学生在校时间增加，要求老师提升教学水平，科学合理布置作业，同时开展课外延伸服务，事实上是老师陪伴学生的时间增加了。这部分在校时间怎么安排？如何让学生利用好课外时间？这一切考验着老师们的智慧，而开展各种课外活动正好可以解决这个难题，比如：热爱人文的，可以参加阅读写作、演讲辩论、学习传统文化和民风民俗等社团活动；喜爱数理的，可以参加科普科幻、实验研究、统计测量、天文观测等兴趣小组；也可以参加体育比赛、艺术（音乐、美术、书法、戏剧）体验和劳动教育等实践活动。当然，所有的活动都应以培养学生的兴趣爱好为目的，以自愿参加为前提。学校开展课后服务，可以多方面拓展资源，比如博物馆、图书馆、科技馆、陈列馆、少年宫、青少年活动中心，甚至校外培训机构的优质服务资源，还可组织征文比赛、志愿服务、社会调查等，助力学生全面发展。

二、课外阅读新机遇

近年来，“新课标”“新教材”“新高考”成为语文教育改革的热词。前不久，我看到一个视频，说语文在中高考中的地位提高了，难度也加大了。这种说法有一定道理，但并不准确。说它有一定道理，是因为语文能力主要指一个人的阅读和写作能力，而阅读和写作能力又是一个人综合素养的体现。语文能力强，有助于学习别的学科。比如：数学、物理中的应用题，如果阅读能力上不去，读不懂题干，便不能准确把握解题要领，也就没法准确答题；英语中的英译汉、汉译英题更是考查学生的语言表达能力；历史题和政治题往往是给一段材料，让学生去分析、判断，得出结论，并表述自己的观点或看法。从这点来说，语文在中高考中的地位提高有一定道理。说它不准确，有两个方面的理由：一是语文学科本来就重要，不是现在才变得重要，之所以产生这种错觉，是因为在应试教育的背景下，语文的重要性被弱化了；二是语文考试的难度并没有增加，增加的只是阅读思维的宽度和广度，考查的是阅读理解、信息筛选、应用写作、语言表达、批判性思维、辩证思维等关键能力。可以说，真正的素质教育必须重视语文，因为语文是工具，是基础。不少家长和教师认为课外阅读浪费学习时间，这主要是教育观念问题。他们之所以有这种想法，无非是认为考试才是最终目的，希望孩子可以把更多时间用在刷题上。他们只看到课标和教材的变化，以为考试还是过去那一套，其实，考试评价已发生深刻变革。目前，考试评价改革与新课标、新教材改革是同向同行的，都是围绕立德树人做文章。中共中央、国务院印发的《深化新时代教育评价改革总体方案》明确指出："稳步推进中高考改革，构建引导学生德智体美劳全面发展的考试内容体系，改变相对固化的试题形式，增强试题开放性，减少死记硬背和'机械刷题'现象。"显然就是要用中高考"指挥棒"引领素质教育。新高考招生录取强调"两依据，一参考"，即以高考成绩和高中学业水平考试成绩为依据，以综合素质评价为参考。这也就是说，高考成绩不再是高校选拔新生的唯一标准，不只看谁考的分数高，还要看谁更有发展潜力、更有创造性、综合素质更高，从而实现由"招分"向"招人"的转变。而这绝不是仅凭一张高考试卷能够区分出来的，"机械刷题"无助于全面发展，必须在课内学习的基础上，辅之以内容广泛的课外阅读，才能全面提高综合素养。

三、“爱阅读”助力成长

这套“爱阅读”丛书是为中小学生量身打造的，符合《义务教育语文课程标准》倡导的“好读书、读好书、读整本的书”的课改理念，可以作为学生课内学习的有益补充。我一向认为，要学好语文，一要读好三本书，二要写好两篇文，三要养成四个好习惯。三本书指“有字之书”“无字之书”和“心灵之书”，两篇文指“规矩文”和“放胆文”，四个好习惯指享受阅读的习惯、善于思考的习惯、乐于表达的习惯和自主学习的习惯。古人说“读万卷书，行万里路”，实际上就是要处理好读书与实践的关系。对于中小学生来说，读书首先是读好“有字之书”。“有字之书”，有课本，有课外自读课本，还有“爱阅读”这样的课外读物。读书时我们不能眉毛胡子一把抓，要区分不同的书，采取不同的读法。一般说来，有精读，有略读。精读需要字斟句酌，需要咬文嚼字，但费时费力。当然也不是所有的书都需要精读，可以根据自己的需要决定精读还是略读。新课标提倡中小学生进行整本书阅读，但是学生往往不能耐着性子读完一整本书。新课标提倡的整本书阅读，主要是针对过去的单篇教学来说的，并不是说每本书都要从头读到尾。教材设计的练习项目也是有弹性的、可选择的，不可能有统一的“阅读计划”。我的建议是，整本书阅读应把精读、略读与浏览结合起来。精读重在示范，略读重在博览，浏览略观大意即可，三者相辅相成，不宜偏于一隅。不仅如此，学生还可以把阅读与写作、读书与实践、课内与课外结合起来。整本书阅读重在掌握阅读方法，拓展阅读视野，培养读书兴趣，养成阅读习惯。

再说写好两篇文。学生读得多了，素养提高了，自然有话想说，有自己的观点和看法要发表。发表的形式可以是口头的，也可以是书面的，书面表达就是写作。写好两篇文，一篇“规矩文”，一篇“放胆文”。“规矩文”重打基础，“放胆文”更见才气。“规矩文”要求练好写作基本功，包括审题、立意、选材、构思等，同时还要掌握记叙文、议论文、说明文、应用文的基本要领和写作规范。“规矩文”的写作要在教师的指导下进行。“放胆文”则鼓励学生放飞自我、大胆想象，各呈创意、各展所长，尤其是展现自己的应用写作能力、语言表达能力、批判性思维能力和辩证思维能力。“放胆文”的写作可以多种多样，除了大作文，也可以写小作文。有兴趣的还可以进行文学创作，写诗歌、小说、散文、剧本等。

学习语文还要养成四个好习惯。第一，享受阅读的习惯。爱阅读非常重要。每个同学都应该有自己的个性化书单，有的同学喜欢网络小说也没有关系，但需要防止沉迷其中，钻进“死胡同”。这套“爱阅读”丛书，就给中小学生课外阅读提供了大量古今中外的名家名作。第二，善于思考的习惯。在这个大众创业、万众创新的时代，创新人才的标准，已不再是把已有的知识烂熟于心，而是能够独立思考，敢于质疑，能够自己去发现问题、提出问题和解决问题，需要具有探究质疑能力、独立思考能力、批判性思维和辩证思维能力。第三，乐于表达的习惯。表达的乐趣在于说或写的过程，这个过程比说得好、写得完美更重要。写作形式可以不拘一格，比如作文、日记、笔记、随笔、漫画等。第四，自主学习的习惯。我的地盘我做主，我的语文我做主。不是为老师学，也不是为父母长辈学，而是为自己的精神成长学，为自己的未来学。

愿广大中小学生能借助这套“爱阅读”丛书，真正爱上阅读，插上想象的翅膀，飞向未来的广阔天地！

顾之川

2021 年 10 月 15 日

写于京东大运河畔之两不厌居

·作家生平·

亨德里克·威廉·房龙（1882—1944），荷裔美国人，著名学者、作家、历史地理学家。他出生于荷兰鹿特丹一个富裕的家庭，青年时期先后在美国康奈尔大学和德国慕尼黑大学学习，获得博士学位，做过教师、编辑、记者和播音员。1913年起他开始写书，1921年写出《人类的故事》，一举成名，从此饮誉世界。

房龙多才多艺，能说和写十种语言，拉得一手好小提琴，还会画画，他的著作的插图便全部出自自己手笔，并在历史、文化、文明、科学等方面都有著作，而且读者众多。主要作品有《地球的故事》《宽容》《古人类》等。

1944年3月11日，房龙因心脏病死于康涅狄格州老格林尼治的家中，葬于老格林尼治公墓。

·创作背景·

1921年，房龙应霍雷斯·利弗奈特的约请，受H. G. 威尔斯《世界史纲》的启发，为年轻读者写了一部简明历史——《人类的故事》（有自绘插画）。它共印行三十版，译成了十几种文字。历史学家查尔斯·比尔德在《新共和》、奥斯汀·海斯在《纽约时报》上发表书评大加赞许。

《人类的故事》是对人类世界的宏观一瞥，用俯瞰文明进程的姿态，勾

1

爱阅读
AI YUEDU

勒出从史前时代到现代世界的发展轮廓。

·作品速览·

《人类的故事》收录了《人类从哪里来的问题》《文字的出现》《犹太民族的领袖——摩西》《亚历山大大帝》等故事。这些故事，阐释了人类文明史最精彩的内涵，普及了人类历史最基本的知识。孩子们在阅读时，一边可以学到科学知识，一边还能学到历史知识。

·文学特色·

一、白描式的手法。作者从整体上勾勒了人类历史的发展和演变过程，使纷繁复杂的历史进程得以脉络清晰地呈现，易于理解。作者对内容进行仔细筛选，以重大事件和重要人物为重点，通过这些故事，让读者看清历史的演变，理解现代世界格局形成的原因。

二、理性、客观的态度。在讲述人类历史的过程中，作者最大程度地摒弃个人喜好，以客观的态度讲述影响人类进程的历史人物和事件，让本书的观点平和中肯，引人深思。

三、运用多种修辞。运用比喻、拟人、对比、设问等多种修辞手法，令句子富有变化，历史人物形象生动，文章通俗易懂。

2

阅读准备

“作家生平”，走近作家，一睹作家风采；“创作背景”，了解作品创作的时代背景；“作品速览”，把握故事全貌、主题意蕴；“文学特色”，发掘作品深刻的文学价值，以增进理解，提高阅读效率。

名家心得

房龙对历史的理解，要胜过写出《世界简史》的威尔斯先生一千倍，而且他以同样富有趣味和更多的幽默进行写作。他写出了一本伟大的书，一本恒久的书。

——美国历史学家　查尔斯·比尔德

虽然《人类的故事》被认为是给孩子读的，但是我们认为，在成年人中能够找到更多的热心读者。

——《纽约时报》

读者感悟

读完《人类的故事》这本书后，我受益匪浅。这本书讲述了我们是谁，我们从哪里来，我们要去哪里。上下五千年，纵横数万里。

美国作家房龙娓娓讲述了人类数千年的文明发展史，让我了解了人的古往今来。作者用最朴实的语言讲述了历史的变迁，如国王们重

257

……人类的故事
RENLEI DE GUSHI

真题演练

1. 古埃及人发明了什么文字？（　）
A. 象形文字
B. 字母文字
C. 楔形文字
2. 佛教的创始人是谁？（　）
A. 穆罕默德
B. 悉达多
C. 耶稣
3. 文艺复兴时期，但丁最有名的作品是（　）。
A.《蒙娜丽莎》
B.《神曲》
C.《英雄交响曲》
4. 拿破仑建立了（　）。
A. 法兰西共和国
B. 法兰克王国
C. 法兰西第一帝国
5. 下列作品中属于贝多芬的是（　）。
A.《蓝色多瑙河》
B.《天鹅湖》
C.《英雄交响曲》

259

阅读总结

“名家心得”，听听名家怎么说；“读者感悟”，看看别人怎么想；“阅读拓展”，帮你丰富文学知识，增强艺术感受力；“真题演练”，考查阅读本书后的效果，是对阅读成果的巩固和总结。习题具有一定的延伸性和拓展性，对于没有回答上来的问题，读者可以借此发现阅读上的不足，心中带着疑问，为下一次的精读做好准备。

接受文学名著的滋养，读写贯通，读为写用，读写双升

第一章 人类从哪里来的问题

名师导读

人类是万物之灵，是地球的主宰。人类依靠智慧，用自己的双手，创造出辉煌灿烂的文化，推动了人类社会的进步。那么，人类到底是从哪儿来的呢？现在就让我们愉快地开始阅读吧！

对于“人类从哪里来”这个问题，从古到今很多人都在追问，也在研究，甚至世界各地还有各种各样关于人类出现的传说，虽然内容不同，但是也显示出人们丰富的想象力以及强烈的好奇心。

虽然现代人对人类起源进行的大量的研究到目前为止也没有准确的答案，但是这些研究也给了人们一些启示。

地球上各种生物存活的时间并不相同，如果要画出它们的生命线，那最短的一条应该是人类或与人类相似的动物。

①在所有的动物中，人类是出现最晚的，但也是最

①对比修辞——地球上有数百万种动物，但是，为什么它们征服不了大自然呢？说明人类具有智慧，懂得并擅于制造和使用工具。

3

指引你快速知晓章节内容，激发阅读兴趣。

名师妙语，见解独特，视角新颖。

精华赏析

本章写了人类最初的祖先的外貌，他们几乎全身都长满了毛发，皮肤是棕色的，样子很丑。手指虽然细长，但是非常有力。当时吃的东西是生的，生病只能等死，因此，他们生活得很艰难。

延伸思考

1. 人类的祖先最初是什么样子的？
2. 人类的祖先最初会使用火吗？
3. 人类的祖先最早的语言是怎样的？

相关链接

文中提到的火，大家知道是什么吗？火，是物质燃烧时发出的光和焰，温度很高。火焰由焰心、内焰和外焰三部分组成，温度由内向外依次增高。从火焰的颜色来看，蓝色的火焰温度最高，黄色的火焰温度较低。

9

评点章节要旨，发人深省。

开拓思维，启迪智慧。

相关链接

在轻松阅读中开阔视野。

Contents

目录

·作家生平·

亨德里克·威廉·房龙（1882—1944），荷裔美国人，著名学者、作家、历史地理学家。他出生于荷兰鹿特丹一个富裕的家庭，青年时期先后在美国康奈尔大学和德国慕尼黑大学学习，获得博士学位，做过教师、编辑、记者和播音员。1913 年起他开始写书，1921 年写出《人类的故事》，一举成名，从此饮誉世界。

房龙多才多艺，能说和写十种语言，拉得一手好小提琴，还会画画，他的著作的插图便全部出自自己手笔，并在历史、文化、文明、科学等方面都有著作，而且读者众多。主要作品有《地球的故事》《宽容》《古人类》等。

1944 年 3 月 11 日，房龙因心脏病死于康涅狄格州老格林尼治的家中，葬于老格林尼治公墓。

·创作背景·

1921 年，房龙应霍雷斯·利弗奈特的约请，受 H．G．威尔斯《世界史纲》的启发，为年轻读者写了一部简明历史——《人类的故事》（有自绘插画）。它共印行三十版，译成了十几种文字。历史学家查尔斯·比尔德在《新共和》、奥斯汀·海斯在《纽约时报》上发表书评大加赞许。

《人类的故事》是对人类世界的宏观一瞥，用俯瞰文明进程的姿态，勾勒出从史前时代到现代世界的发展轮廓。

·作品速览·

《人类的故事》收录了《人类从哪里来的问题》《文字的出现》《犹太民族的领袖——摩西》《亚历山大大帝》等故事。这些故事，阐释了人类文明史最精彩的内涵，普及了人类历史最基本的知识。孩子们在阅读时，一边可以学到科学知识，一边还能学到历史知识。

·文学特色·

一、白描式的手法。作者从整体上勾勒了人类历史的发展和演变过程，使纷繁复杂的历史进程得以脉络清晰地呈现，易于理解。作者对内容进行仔细筛选，以重大事件和重要人物为重点，通过这些故事，让读者看清历史的演变，理解现代世界格局形成的原因。

二、理性、客观的态度。在讲述人类历史的过程中，作者最大程度地摒弃个人喜好，以客观的态度讲述影响人类进程的历史人物和事件，让本书的观点平和中肯，引人深思。

三、运用多种修辞。运用比喻、拟人、对比、设问等多种修辞手法，令句子富有变化，历史人物形象生动，文章通俗易懂。

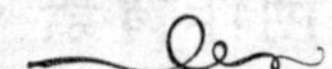

第一章　人类从哪里来的问题

名师导读

人类是万物之灵，是地球的主宰。人类依靠智慧，用自己的双手，创造出辉煌灿烂的文化，推动了人类社会的进步。那么，人类到底是从哪儿来的呢？现在就让我们愉快地开始阅读吧！

对于“人类从哪里来”这个问题，从古到今很多人都在追问，也在研究，甚至世界各地还有各种各样关于人类出现的传说，虽然内容不同，但是也显示出人们丰富的想象力以及强烈的好奇心。

虽然现代人对人类起源进行的大量的研究到目前为止也没有准确的答案，但是这些研究也给了人们一些启示。

地球上各种生物存活的时间并不相同，如果要画出它们的生命线，那最短的一条应该是人类或与人类相似的动物。

①在所有的动物中，人类是出现最晚的，但也是最

❶对比修辞

地球上有数百万种动物，但是，为什么它们征服不了大自然呢？说明人类具有智慧，懂得并擅于制造和使用工具。

聪明的，因为人类用自己的才智征服了自然界。

人类生存的地球，本来是一颗在宇宙里燃烧着的行星。经历了几百万年的燃烧，它的表面没有任何生命存在的迹象。后来又被雨水冲刷了很长时间，地球表面坚硬的岩石被侵蚀分解，变成了各种各样的泥土。暴雨过后，雨不断汇集到地球表面低洼的地方。

经历了上百万年的发展变化，原本没有生物的地球上终于有了细胞的出现，之后有了生命的出现。

水是万物之源，第一颗细胞就出现在海洋中。经过了很长时间的适应生存，最初的细胞已经能够在海洋中好好活着，它们已经懂得怎么样在恶劣的环境中活下来。

随着时间的流逝，一些细胞的生存环境有了变化，它们的基因也随着环境发生了变异。①有的细胞变成了植物，有的细胞变成了爬行动物，有的细胞发展成为游来游去的各种鱼类。

❶排比修辞　地球上出现了各种各样的物种，它们共同组成了这个复杂多样的美丽世界。

在这些生物发展的历程中，海底空间越来越狭小，逼迫一些植物不得不寻找新的地方来生存。寻找新生存地点的过程，就是适应地球上各种环境的过程。从海洋中走出来的生物，经过长期的磨炼，已经懂得怎么在陆地上生存。有些植物的基因发生了变异，它们的外观发生改变。有些植物能够开花结果，开始通过一些渠道来繁衍后代。

除了植物的迁徙，某些鱼类也离开了赖以生存的海洋，来到了陆地生活。②在陆地和海洋中都能生活的动物，被称为“两栖动物”。

❷下定义　两栖动物小时候生活在水中，用鳃呼吸；长大后可以到陆地生活，用肺和皮肤呼吸。因为它们能在水中和陆地两处生存，所以叫两栖动物。

动物从原来生存的海洋来到陆地生活，就必须要适应新的环境。它们慢慢开始变化，以适应森林的环境。有些动物慢慢长出了四肢，体形也越来越大，直到最后成长为庞大的动物。这种体形巨大的动物就是人们比较熟悉的恐龙，比如鱼龙、雷龙、斑龙等。

读书笔记

还有一些动物把自己生活的领域转移到了树上，它们的四肢已经不再用来走路，移动的方式也变成了跳跃，在树枝上来回地转移，还拥有了在树上生存的本领。渐渐地，它们的身体又有了新的变化，长出了羽毛，它们成了真正的飞行动物——鸟类。

在生物进化的过程中，总有物种被淘汰，恐龙家族的灭绝就是这样。人们还没有找出其中真正的原因，有人认为是气候变化造成的，还有人认为是物种淘汰的结果。总之，传说中的恐龙就这样在地球上失去了它们的踪迹，退出了历史舞台。

现在，地球上的动物物种很丰富，其中很大一部分属于哺乳动物，特点就是①雌性动物可以“哺乳”自己的“儿女”。虽然现在的动物都是远古时代的爬行动物繁衍下来的，但是它们的外形和具有的功能已经和原来的大不相同。哺乳动物的身上一般都有浓密的毛发，它们在繁殖方面比其他动物更有优势。它们一般是通过受精卵来孕育后代，可以在孩子幼年的时候，用自己的力量来保护下一代不受到外来侵扰。小动物们从小跟着自己的母亲生活，不仅能够很好地生存下来，还能够从它们身上学习到更多的本领。

❶拟人修辞 生动形象地写出了哺乳动物繁育后代的特点。

时间再推进，人类出现的时间也就到来了。哺乳动物中一种大脑比较聪明的群体发展越来越快，它们在寻找食物和居住方面的技能比别的哺乳动物更领先。经过几十万年的进化，这种哺乳动物能够站立，还能够保持很长时间的平衡状态。

读书笔记

这种比较特别的哺乳动物看上去像猿，又像猴，介于两者之间，但是在智力上远远要高于这两种动物。这种哺乳动物可以猎取到更多的食物，而且还能随着气候的变化想出更多的方法来适应环境。它们为了更好地生存，群居在一起，用自己特有的语言来进行交流。

这种哺乳动物就是人类早期的祖先，它们不断进化，就成了现在的人类。

本章写了人类诞生的过程。人类起始于海洋中的单细胞，随着环境的变化，细胞的基因也发生了改变，有的进化成了植物，有的进化成了动物。地球上的动物有一部分是哺乳动物，其中大脑比较聪明的群体，经过几十万年的进化，能够站立起来，智力也远高于其他哺乳动物，这就是人类的祖先。它们不断进化，就成了现在的人类。

1. 万物之源是什么？

2. 所有动物中，出现最晚、最聪明的动物是什么？

3. 什么是两栖动物？

第二章　人类最初什么样

名师导读

上一章讲述了生物的起源，也介绍了人类的祖先。那么，人类的祖先最初长什么样子呢？我们继续往下阅读、探讨吧！

在考古挖掘中，人们发现了早期人类的尸骨。他们用自己的方式来告诉后人，人类出现的历史是怎样的。虽然只是挖到早期人类的骸骨，但是后人能够通过这些东西推断出社会的变迁，还可以模拟出早期人类的画像。

最早的人类容貌很丑，而且也没有什么突出本领，就是哺乳动物中的一种。[1]他们的个子矮小，皮肤是比较深的棕色，几乎全身上下都长满了毛发。他们的手指虽然细长，但是很有力。前额不高，下颚和其他的食肉动物相似。他们裸露着身体，奔跑在大地上，对火也没有明确的认识。

❶外貌描写

描写了人类的祖先最初的模样。

早期人类居住在潮湿的大森林里，他们用植物的叶子、根茎或者鸟蛋来充饥。他们还打猎，能够抓到一些小动物来改善伙食。这个时期他们吃的所有东西都是生的，还没有想到可以用火来烤熟食物。

原始人的日常生活比较有规律，白天他们四处觅食，晚上就把家人先藏起来再寻找食物。[①] 为了生存下去，他们甚至可以吃人肉。在那样一个弱肉强食的世界里，原始人的生活很艰难。不仅如此，他们还要忍受恶劣天气带来的不便和痛苦，甚至身体出现了问题，也只能自力更生，然后等待死亡的到来。

❶解释说明

写出了在远古时期，人类的生存非常艰难。

原始人类在日常的群居生活中开始用喉部发出一些声音来和同伴进行交流，这是他们大脑意识不断加强的结果。[②] 他们认识到一些特殊的叫声可以代表某种意义，以此来提醒同伴避免危险，这也成为早期语言的源头。

❷解释说明

人类今天的语言有若干种，丰富多样，但是人类的语言是怎么进化而来的呢？最早的语言是什么呢？这里给出了解释和说明。

最早的人类还没有什么生活技能，因此给后人留下的考古线索少得可怜。人们只能猜测在几百万年前，有一群原始人类生活在地球上。根据生物进化学说，可以知道原始人类是由某一种动物进化而来的。这种动物可以用下肢来行走，用前爪来干活。他们的这些特点与人类的祖先有某些相似的地方，人类猜想自己的祖先可能是由这种动物进化而来的。

虽然有了一些猜想，但是人类出现之谜还是没能够真正解开。

精华赏析

本章写了人类最初的祖先的外貌，他们几乎全身都长满了毛发，皮肤是棕色的，样子很丑。手指虽然细长，但是非常有力。当时吃的东西是生的，生病只能等死，因此，他们生活得很艰难。

延伸思考

1. 人类的祖先最初是什么样子的？

2. 人类的祖先最初会使用火吗？

3. 人类的祖先最早的语言是怎样的？

相关链接

文中提到的火，大家知道是什么吗？火，是物质燃烧时发出的光和焰，温度很高。火焰由焰心、内焰和外焰三部分组成，温度由内向外依次增高。从火焰的颜色来看，蓝色的火焰温度最高，黄色的火焰温度较低。

第三章 人类开始制造工具

名师导读

远古时代，气候恶劣，到处是凶猛的野兽，人类时刻都面临着被吃掉的危险。那时候，人类还不知道用火，不知道制造工具。在科学高度发达的今天，我们不禁要问：人类的祖先是怎样存活下来的？要想知道答案，就在书中寻找吧！

早期的原始人类大脑还不发达，处于懵懂时期，对于时间没有什么概念。但是人类在生活中对于季节变迁有了明显的感受，渐渐知道了四季的区分。春、夏、秋、冬，每个季节都有自己的特点，原始人类也知道了在不同季节中自己分别应该做什么。

随着时间的变迁，地球上的气候开始发生较大的变化。原始人类原来生存的地方在斗转星移间开始变得和原来不同。

①有一天，从山上冲下来一群与众不同的野人，他们和山脚下的居民因为食物发生了争斗。战斗中很多人被杀死，活下来的只能逃到深山里，还要接受冬天暴风

①正面描写

争抢食物，得到食物，养活一大家子，是远古时期摆脱死亡唯一的选择。

雪的考验。

气候的变化让原始人类越来越不适应，原来温暖的地方变得寒冷了，原来的平原变成了突起的高山，高山上还出现了冰川。冰川融化后坠落到山谷，冲进森林中，淹没了许多动植物，包括早期的原始人类。之后，几个月的大雪到来，把这个地方变成了一片白色。

恶劣的气候条件已经不能再让生物存活，原始人类开始寻找其他温暖的居住地。①他们的迁徙比起四肢奔跑的动物要慢得多，寒冷的天气逼迫当时的原始人类开动自己的大脑，想出更好的办法来对付天气。在整个冰川纪，人们通过自己的聪明才智，躲过了一个又一个来自大自然的威胁，最后存活下来，并且繁衍壮大。

❶对比修辞

写出人类迁徙比动物迁徙更缓慢和艰难。

为了对付寒冷的天气，人们开始懂得穿衣服。为了能够捕捉到猎物，他们设置了陷阱等待动物的到来，用捡来的石块当作武器将它们猎杀，把猎来的熊和鬣狗的皮毛做成衣服。他们还找到了居住的地方，就是把原来动物居住的山洞变成自己温暖的住所。

有了动物皮毛做的衣服，还有了居住的山洞，可是寒冷的天气依旧让原始人类感觉寒冷，也仍然会有抵抗力低下的老人和儿童被冻死。在想到接近自然火时那种暖和的感觉，他们想到了用火来取暖。他们把自然火引入山洞中，住所一下子温暖起来，从此黑夜也有了光亮。

②偶然一次机会，猎来的山鸡掉进了火堆里。等人们注意到时，它已经被烤熟。人们品尝后发现，被烤熟的山鸡肉比生的更好吃。之后人们就开始把猎来的食物烤熟，他们的生活习惯出现了巨大改变。

❷正面描写

这是具有划时代意义的重大事件。由于实践，人类知道了火的作用，开始吃熟的食物，从此告别了茹毛饮血的蛮荒时代，火促进了人类的进化。

寒冷的冰川纪过去后，存活下来的原始人类掌握了更多与大自然抗争的技能。为了生活，他们发明了更多的工具，比如石斧、石锤等。他们还懂得了储存粮食，用来度过漫长的冬天。为了存放过冬的食物，他们用黏土制成了最早的陶器。与大自然抗争的过程也是人类大脑发育进化的过程，人类变得越来越聪明。

精华赏析

本章主要写了人类制造、使用工具的过程。极端恶劣的气候环境，逼迫人类想方设法生存。为了抵御寒冷，人类学会了制作衣服，学会了使用火；为了打到更多的猎物，人类学会了制造工具。这一切，都促进了人类的不断进化，进而使人类成为万物之灵。

延伸思考

1. 人类为了抵御寒冷，学会了制作什么？

2. 人类为了能打到更多的猎物，学会了使用什么东西？

3. 人类为什么会越来越聪明？

相关链接

陶器，是人类用黏土或者陶土捏制，经过火烧而成型的器具。新石器时代时，就已经出现了作为生活用品的简陋陶器。陶器是人类用化学变化改变物理性质的开端，是人类进入新石器时代的重要标志之一。

第四章　文字的出现

名师导读

文字，作为文明重要的载体，是人类进入文明社会的标志。聪明的人类是怎样发明文字的呢？让我们一起往下阅读吧！

生活在欧洲大陆上的早期人类学会了很多新事物。总有一天，他们会摆脱野蛮状态，进入文明社会。

有一天，来自非洲埃及的“旅行者”，经过漫长的跋涉，来到欧洲大陆，将家乡的文明成果带到了这里。

早在几千年前，生活在非洲尼罗河谷的埃及人就有了自己的发明。这里是人类文明重要的发源地之一。

古埃及人非常聪明，他们的发明也很多。① 在当时的农耕条件下，他们知道如何灌溉农田，知道如何修建神庙，还发明了日历。在古埃及人所有的发明中，对后世影响比较大的是文字。

现在的人们可以读书识字，感觉文字是他们生来就

读书笔记

❶解释说明

通过列举灌溉农田、修建神庙、发明日历和文字等，说明古埃及人是非常聪明的。

有的东西。但是在几千年前，文字并不存在，是人类发明创造出来的，而且还经历了漫长的发展和演化过程。有了文字，有了使用文字记载的著作，人类才是真正聪明的动物，而不是像猫狗一样只会简单的“语言”。

读书笔记

历史上欧洲的古罗马人曾经在公元前 1 世纪的时候占领了古埃及，他们发现了古埃及人留下的各种小图案。这种图案遍布神庙和各种宫殿的墙上，也写在了保存下来的纸莎草上，但是古罗马人不懂这些图案，也对此没有兴趣。懂得这些神秘图案的人都已经离世，①古埃及就像一个历史宝库，等待人们去挖掘。

❶比喻修辞

说明了古埃及文明的丰富灿烂。这遍布神庙和各种宫殿墙壁上的小图案，有可能就是古埃及文明的神秘密码。

直到一千七百多年后，法国的拿破仑率军攻打埃及时，其中一位年轻的法国军官，对埃及的这些图案产生了兴趣，掀开了古埃及文字的神秘面纱。

这位法国军官本来是去古埃及的废墟中寻找文物的，无意中在找到的一块石头上发现了雕刻的图案。这块石头上有三种文字，其中一种是人们当时比较熟悉的希腊文，还有一些图案并不知道是什么。军官对这些图案产生了兴趣，他认为只要知道石头上希腊文的意思，就可以知道古埃及人在石头上刻下的图案是什么意思。

读书笔记

然而真正得到答案却是在很多年以后了。1802 年，法国的一位教授商博良开始深入研究刻在罗塞塔石碑上

注释

希腊文：西方文明第一种适用的语言。许多人认为它是所有语言中最美观、最值得敬佩的交际工具。其结构清楚，概念透彻、清晰、伶俐，有多种多样的表达方式。使用者主要分布于希腊、塞浦路斯、意大利、土耳其等。

的文字。1822年，他才宣布研究成功，并把自己研究的石碑上的小图像代表的含义公布出来。正是知道了古埃及文字的含义，人们才能够通过留下来的文字记录熟知古埃及的古老历史。

读书笔记

古埃及人发明的象形文字在世界文明史上占有重要的地位，直到现在有的文字经过改动后还在使用。象形文字就是古埃及人日常使用的文字，也成了后人了解他们的途径。

西方文化中有专门用来介绍印第安人使用的一些图案文字，它们传递的信息，经过人们的研究也基本上能够明白内容是什么。

①古埃及人所发明的象形文字，比其他地区人们留下来的图案表达的内容更为丰富。他们用这些文字记录生活，而且还不断地发展完善它，让它们来表达人们想说的一切内容，比如传递信息、记录各种商业数据、描述国家的发展情况等，让后人能够从中得到更多的启示。

①对比修辞

说明古埃及人发明的象形文字所包含的内容远比其他早期文明使用的文字要丰富。

精华赏析

人类的祖先在劳动的过程中发明了文字，从而使得人类进入了文明社会。古埃及人所发明的象形文字，比其他地区的文字表达的内容更为丰富，在世界文明史上占有重要的地位。

延伸思考

1. 西方文明最早的文字是什么？

2. 古埃及人发明了什么文字？

相关链接

文中提到的罗塞塔石碑（也叫作罗塞达碑），高1.14米，宽0.73米，制作于公元前196年，现保存在大英博物馆。罗塞塔石碑刻有古埃及国王托勒密五世登基的诏书。石碑上用希腊文字、古埃及文字和当时的通俗体文字刻了同样的内容，这使得后人得以了解古埃及象形文字的意义与结构。

第五章　文明的发源地——尼罗河

名师导读

世界上有四大文明古国，古埃及、古巴比伦、古印度和中国。人类今天所拥有的哲学、科学、文学艺术等，很多都能追溯到这四大文明古国之中。其中，古埃及文明就发源于物产丰富、水源充足的尼罗河流域。让我们一起往下阅读，领略尼罗河流域的神奇吧！

早期人类出现后，一般都会先生活在物产比较丰富的地区。

在非洲大陆上，尼罗河三角洲地区土地肥沃，每年洪水泛滥后，就会留下大量的淤泥，这成了庄稼生长最好的土壤。① 河谷地带农耕盛行，也是人口比较密集的地方。许多其他地区的人都纷纷涌入这里，渐渐地他们形成了一个新的民族。

❶解释说明　写出了一个新的民族形成的过程。

尼罗河三角洲地区生活着非常多的人口，成为当时世界人口最密集的地方之一。没有生活在河谷地带的人们，用自己的聪明才智设计出提水系统，让更多的农田得到尼罗河水的灌溉，也让人们有更多的地方可以选择居住。

最初的人类，需要花整天的时间来寻找食物。但是已经过上农耕和定居生活的埃及人，可以有更多的农闲时间制作装饰用的东西。当然他们还有更多的时间来思考世间各种稀奇的事情，虽然它们看起来和人们的日常生活并没有太大的关系，但是却与整个宇宙的发展有关，比如天文、地理以及人们的喜怒哀乐等。

读书笔记

对于人们想出的各种问题，也总有“智者”进行回答。在古埃及，“祭司”就是解答人们困惑的人物，在百姓中极受爱戴。祭司们懂得的知识非常多，而且有权利来记录发生的史实。他们指引人们不能只贪图眼前的利益，而应该把重点放在来世，只有品德好的人才能得到神——奥西里斯好的裁决。祭司们的语言让更多人认为自己今生的所有都是为来世而准备的。

当古埃及人希望有一个美好的来世时，他们就想把自己的躯体留下来，因为他们认为如果自己的躯体不在了，那灵魂就没有了着落的地方，自己也就不可能再有来世。因此古埃及人在亲人去世后，都会把他们的尸体保存起来，制成“木乃伊”。①他们会把尸体进行防腐

❶解释说明

介绍了木乃伊的制作过程。

注释

祭司：古代主持宗教祭祀活动的人员。在那个教育极度缺乏的时代，祭司们垄断了教育。他们处于社会的上层。

木乃伊：长久保存下来的干燥的尸体，特指古代埃及人用特殊的防腐药品和埋葬方法保存下来的没有腐烂的尸体。因为古埃及人相信人死后，灵魂会附在尸体或雕像上，所以，古埃及人把尸体制成木乃伊，以此怀念死者，希望死者永生。

处理，然后用布层层包起来，放在墓葬里。古埃及人的坟墓很有特点，坟墓就像为死去的人建造了一个家，里面放置了许多生活用品，还有侍者的人物雕像。他们通过这样的方式，希望死去的人在另一个理想中的世界过上好的生活。

读书笔记

最初古埃及人把他们的坟墓建在山上的岩石中，后来又把坟墓建在了沙漠里。但是沙漠里总有野兽和盗墓贼出没，会让坟墓遭到破坏。为了让死者有安静的环境，也为了保护木乃伊，古埃及人开始为死者在坟墓上修建石冢。后来石冢越修越高，成了后人所看到的金字塔。最高的金字塔是埃及法老胡夫在公元前13世纪为自己修建的陵墓，高度达到了约五百英尺。

胡夫金字塔作为世界上最大的金字塔，占地达到了十三英亩。为了修建此陵墓，数以万计的奴隶付出了艰辛的劳动。他们把石材从山上搬下来，又运过尼罗河和沙漠，最后把这些石材堆积成金字塔。金字塔是人类修建的伟大的建筑工程，是古埃及文明的象征。直到今天，它仍然很坚固，矗立在尼罗河畔。

本章写了尼罗河流域古埃及文明的诞生过程。这里农耕发达，人们开始定居，逐渐形成新的民族。古埃及人希望有一个美好的来世，他们制作木乃伊，又建造了金字塔。目前，最大的金字塔是胡夫金字塔，它是古埃及文明的象征。

延伸思考

1. 古埃及文明发源于什么流域？

2. 为了保存尸体，古埃及人制作了什么？

3. 世界上最大的金字塔是为哪位国王建造的？

相关链接

文中提到的尼罗河，是一条流经非洲东部与北部的河流，自南向北注入地中海。尼罗河长6670千米，是世界上最长的河流。从古代开始，古埃及的文明就依靠尼罗河而形成和兴旺。除海港和海岸附近的城市外，古埃及所有的城市都位于尼罗河畔，大多数居民都住在阿斯旺以北的尼罗河畔，几乎所有的古埃及遗址均位于尼罗河畔。

第六章 古埃及历史

名师导读

远古时期，古埃及人是尼罗河流域最早的主人。随着时间的流逝，尼罗河流域的文明越来越发达了。那么，古埃及国家是怎么出现的呢？就让我们一起去了解吧！

尼罗河是古埃及文明的发源地，在这块土地上生活的人民渐渐学会了如何生存和劳动。人们共同劳作，修建水渠和堤坝来哺育和保护自己的家园。人们还学会了人与人之间如何相处，等到人们遵守的法则一一出现，有组织的国家也就形成了。

读书笔记

在国家出现的过程中，一个有威望的人逐渐成为领导人。他的能力很强，成了人们的精神支柱和军事领袖，也成为这个国家的国王。

古埃及的平民百姓对国王进行的政治活动没有兴趣，[①]只想着在他的统治下不被过度收税和强迫服劳役就行。

❶叙述

说明古埃及的平民百姓希望国泰民安。

可是他们的生活也有很悲惨的时候，尤其在外民族的统治之下。希克索斯游牧部落曾经统治了古埃及长达五千多年的时间，他们极力压榨当地人，引发了他们的不满和反抗。古埃及人还痛恨帮助希克索斯人一起迫害和奴役他们的希伯来人。

压迫之下必有反抗，公元前1700年，古埃及的底比斯爆发了大规模的人民起义，古埃及人最终将奴役他们的希克索斯人赶走，取得了国家的独立。

①在后来一千多年的时间内，古埃及一次次沦陷，又一次次独立。曾经统治古埃及的有亚述人、波斯人、亚历山大帝国。后来亚历山大帝国崩溃后，它的一位将军在古埃及建立了托勒密王朝，古埃及成为一个名义上独立的国家。

①正面叙述

古埃及地处得天独厚、自然条件非常好的尼罗河流域，引来了其他部落的进攻。

随着古罗马帝国的不断扩张，公元前39年，古罗马军队来到了古埃及。当时的君主——“艳后”克娄巴特拉用了一些手段想极力扭转古埃及衰亡的局面，但是最终还是没有成功。公元前30年，古罗马帝国的统治者奥古斯都大帝率领军队，最终灭亡了古埃及。末代女王克娄巴特拉悲痛万分，绝望至极。古埃及在很长一段时间内成为古罗马帝国的一个省，受到古罗马人的残暴统治。

读书笔记

注释

希克索斯人：住在古代亚洲西部。这是混合民族，包括塞姆族和胡里特人。约在公元前18世纪，希克索斯人从叙利亚巴勒斯坦地区攻入古埃及，建立了王朝，统治了古埃及。

希伯来人：犹太人的祖先。希伯来人在公元前11世纪建立了王国。到第三代所罗门王在位的时候，国力鼎盛，非常繁荣。但是所罗门王死后，分裂成以色列和犹大两个国家。

精华赏析

尼罗河流域是人类文明的摇篮之一。生活在这片土地上的古埃及人拥有得天独厚的优势发展农耕，经济比较发达，于是国家出现了。但是由于统治者过分贪婪，压榨百姓，所以统治者被赶跑。后来，古埃及又被亚述人、波斯人和亚历山大帝国统治。公元前39年，古埃及被古罗马大军攻破，很长一段时间内成了古罗马帝国的一个省份。

延伸思考

1. 公元前39年，古埃及被哪个国家攻破？
2. 古埃及的“艳后”叫什么名字？
3. 古埃及被哪些国家和部落先后统治了一千多年？

相关链接

文中提到的克娄巴特拉，亦称“埃及艳后”，容貌靓丽，娇美如花。她组建军队，争夺托勒密王朝的王位，是托勒密王朝的最后一位女王。她用勇敢和机智暂时保全了托勒密王朝。

第七章　美索不达米亚的文明

名师导读

古埃及灭亡了，然而在亚洲西部的两河流域，也诞生了伟大的文明。我们把它叫作西亚文明，就让我们一起往下了解这个文明吧！

---

❶解释说明

介绍了美索不达米亚平原。

在西亚的两河流域地区，有一大片肥沃的平原地带，这里被称为"美索不达米亚"。① 它是由幼发拉底河和底格里斯河冲刷而成的，是农耕的重要地区，也是西亚文明的发源地。

在西亚地区，美索不达米亚平原就是一片沃土，是物产丰富的地区，也是各部落争夺的重地。在连年的征战中，最聪明和最强悍的部落取得了胜利，并在这里创造出了伟大的文明。

精华赏析

本章介绍了两河流域。两河，指的是幼发拉底河、底格里斯河。这两条河位于亚洲的西部，是古代西亚文明的母亲河。两河流域土壤肥沃，雨水充足，西亚人在这里辛勤劳作，发展农业，当地经济非常发达。

延伸思考

1. 美索不达米亚在哪里？
2. “两河”指的是哪两条大河？
3. 两河流域文明诞生于亚洲的东部还是西部？

相关链接

美索不达米亚，是古代希腊对两河流域的称呼，意思是两条大河之间的地方。美索不达米亚地处平原，四周缺少天然屏障，历史上有很多民族在此接触、征战、融合。最终，迦勒底人在美索不达米亚平原建立了新巴比伦。新巴比伦把美索不达米亚文明推向鼎盛。

第八章　苏美尔人的楔形文字

名师导读

在非洲的尼罗河流域，诞生了古埃及文明，古埃及人发明了象形文字。而在亚洲的西部，在两河流域，诞生了西亚文明，居住在这里的苏美尔人发明了楔形文字。这种文字传递给世界哪些信息呢？就让我们继续往下阅读，进行了解吧！

读书笔记

15 世纪是世界被逐步发现的时代，哥伦布发现了美洲这个新大陆。与此同时，意大利威尼斯人巴贝罗来到西亚的两河流域，掀开了西亚文明的神秘面纱，向欧洲人展示了自己所接触到的西亚文字。

18 世纪末，丹麦人尼布尔带回了刻有西亚楔形文字的泥版，引发了一些人的研究兴趣。一位德国人——格罗特芬耗费三十年，才解读了泥版文字中的前四个字母：D、A、R 和 SH。二十年之后，英国的罗林森发现了贝希通岩壁上的楔形文字，从而使破解西亚文字有了依据。

商博良破译象形文字时花费了不少时间，其他人对楔形文字的研究更是付出了很多精力。[①] 发明这种文字的苏美尔人，创造出了不同于象形文字的文字，并把它们刻在了石板上，因为字形看起来像楔形，因此被称为“楔形文字”。这种看起来很复杂的文字，在三千多年的时间内，居住在两河流域和统治过两河流域的种族都使用过。

❶解释说明

介绍了楔形文字的由来。

西亚的美索不达米亚平原从来就不是一个平静的地方，[②] 各部落之间以及外来部落的征服战争不断进行着。早期统治这里的苏美尔人，在平原地区修建了祭祀神仙的山丘，用环绕的倾斜长廊代替楼梯登高。当苏美尔人被征服和同化之后，他们修建的祭祀高塔在废墟中更加突显，被犹太人称为“巴别塔”。

❷解释说明

为什么说西亚的美索不达米亚平原“从来就不是一个平静的地方”？因为这里土壤肥沃，农耕经济发达，是各部落及外来部落相互争夺之地。

公元前 40 世纪后的一段时期，苏美尔人和阿卡德人先后统治过美索不达米亚地区，他们说过同样的方言，被称为“闪米特人”。

一千年后，阿卡德人臣服于阿莫赖特人。国王汉穆拉比制定的《汉穆拉比法典》，使国家拥有了一套完整的法律体系，也使巴比伦国家的管理日趋完善。但是后来统治西亚的赫梯人对古老的文明进行了大肆的破坏，亚述人征服西亚后，还对这里的人民进行了残暴统治。公元前 7 世纪，迦勒底人统治西亚，在巴比伦建立了国家。著名的尼布甲尼撒国王富有科研精神，鼓励学者进行科学研究，使得天文学和数学方面取得了较大的成果。

[③] 西亚在后来漫长的历史中，又经过了波斯和亚历山大帝国的征服和统治，还被古罗马帝国和奥斯曼土耳

❸正面叙述

写出了西亚文明的变化。

读书笔记

其帝国管理过。一千多年外民族的征服战争和奴役，使美索不达米亚变成了人迹罕至的荒原。这个曾经的世界文明第二中心也退出了历史舞台。

精华赏析

在亚洲西部，勤劳的苏美尔人创立了西亚文明。苏美尔人发明的楔形文字是人类发明文字的一个重要里程碑。这里土壤肥沃，经济发达，经常遭受外来部落的攻击。西亚文明在经历了一千多年的动荡之后，最终销声匿迹了。

延伸思考

1. 西亚的本土居民是什么人？
2. 苏美尔人创制了什么文字？
3. 汉穆拉比国王统治时期创立了什么法典？

相关链接

文中提到的《汉穆拉比法典》是在古巴比伦时期出现的。《汉穆拉比法典》原文被刻在一根高 2.25 米的玄武岩石柱上，共刻了 3500 行，282 条法律条文。它使用的语言是阿卡德文，是汉穆拉比为了向神明显示自己的功绩而纂集的。《汉穆拉比法典》是世界上迄今发现的最古老、最完备的成文法典。

第九章 犹太民族的领袖——摩西

名师导读

千百年来，犹太人从西亚的一个游牧民族，逐步发展成为遍布全球的世界性族群之一。2007年，犹太人总数大概有1320万人，约占全球总人数的0.25%，然而全球27%的诺贝尔奖却为犹太人所得！那么，犹太人为什么这么聪明呢？为解开这个谜，就让我们一起了解这个民族和他们的领袖吧！

公元前2世纪，闪米特部落中的希伯来人，[①]也就是人们熟知的犹太人想寻找一块自己的乐土。他们离开原来的家园，经历了长期的迁徙流浪生活后，在古埃及的一个小地方找到了自己的栖身地。

❶正面叙述　犹太人的生存环境极为恶劣，他们经常遭遇其他民族的欺压。

五百年后，他们的居住地被希克索斯人征服，犹太人开始为征服者做事，以保住自己的家园。古埃及人把侵略者赶走后，对犹太人进行了报复，把他们变成了奴隶，役使他们为自己劳动。古埃及人看管得严，犹太人根本没有机会逃出去。但是犹太人的苦难生活并不是没有尽头，一个叫摩西的年轻人凭借自己的毅力和才智带领族人们逃离了古埃及人的掌控。

摩西带领自己的族人们躲过了追兵，来到西奈山下的平原。之前他一个人生活时，很崇拜大自然的力量。[1]但他更崇拜一位统治世界万事万物的神——耶和华，通过他的宣扬，犹太人都把耶和华当成自己民族的主宰。

❶**破折号**……

这里的破折号起着解释说明的作用。

摩西有一次背着两块粗石板外出，回来的时候，石板上被刻上了耶和华对犹太人所说的话。自此之后，耶和华真正成为犹太民族敬奉的唯一也是最高的真神，他提出的十诫内容成了犹太人生活的准则。

[2]摩西带领族人们继续前进，在路途中他指导大家如何生存，如何保持好的身体。最终摩西和他的族人们来到了巴勒斯坦，这是一个富饶的地方，也是犹太人心目中的理想家园。虽然当时这里被迦南人占据，但是犹太人还是靠自己的努力建立了城市和家园，并修建了祭拜耶和华的神庙，他们把神庙所在的城市起名为“耶路撒冷”。

❷**正面叙述**……

摩西是犹太人的领袖，带领犹太人苦苦找寻心目中的理想家园。他们最终来到了巴勒斯坦，在这里建立了家园。

当犹太人过上了安宁稳定的生活时，带领他们来到这里的领袖——摩西却永远地离开了大家。这位辛勤劳作的人，用自己的行动和信仰让犹太人过上了独立自主的生活，建立了自由祥和的家园，还拥有了民族信仰。

精华赏析

犹太人曾被古埃及人变成奴隶。在摩西的领导下，他们好不容易才逃离古埃及人的统治，最终来到巴勒斯坦，建立自己的城市和家园。耶路撒冷后来成为犹太教、基督教、伊斯兰教的圣地。

延伸思考

1. 犹太人在摩西的带领下在哪里建立了自己的家园？
2. 犹太人的著名领袖叫什么名字？
3. 犹太人给自己的城市取了个什么名字？

相关链接

文中提到的耶路撒冷，位于地中海和死海之间，面积有126平方千米，有“和平之城”的美誉。耶路撒冷著名的景点有哭墙、圣殿山、圆顶清真寺、阿克萨清真寺等，是世界著名的旅游胜地。

第十章　腓尼基人的文字

名师导读

通过前面的阅读，我们了解了古埃及人和他们的巨大成就：他们发明了象形文字，建造了金字塔，而且会制作木乃伊。同时，我们了解到两河流域的苏美尔人发明了楔形文字，创造了灿烂的西亚文明。我们还了解了犹太人在摩西的带领下在巴勒斯坦建立了自己的家园，给自己的城市取名为耶路撒冷。今天我们再来了解另外一个民族——腓尼基人，看看他们是如何生存和生活的吧！

---

❶解释说明

叙述了腓尼基人的起源，显示了腓尼基人非凡的创造力。

① 腓尼基人是闪米特部落的一支，他们居住在地中海海岸，修建了西顿和提尔两个城市作为他们的定居点。凭借强大的实力，他们将地中海区域的海上贸易全部垄断。他们的船只可以经常到达西欧和大西洋，所到之处，都被腓尼基人变成他们的殖民地。这些殖民地后来经过很长时间的贸易发展，逐渐成为现代各个国家的重要城市。

腓尼基人善于做生意，并且用尽各种手段来赚钱。

他们把发财致富作为最高理想。外族人并不喜欢腓尼基人，但是不可否认的是，腓尼基人给后人留下了宝贵的文化遗产——腓尼基字母。

腓尼基人认为苏美尔人发明的楔形文字书写很麻烦，他们希望能有简单易写的文字，可以不浪费做生意的时间。①经过长期的钻研，他们在象形文字和楔形文字的基础上，创造出了方便书写的二十二个字母，即腓尼基字母。

❶解释说明

说明现在西方字母文字的来源。

腓尼基字母流传到希腊后，希腊人又在此基础上加入了自己发明的几个字母，并进行了改进。之后古罗马人又把这些字母的形状进行改进。后来这些字母传到了西欧，成为现在字母文字的起源。

精华赏析

本章介绍了腓尼基人的特点及其对世界的贡献。腓尼基人善于经商，在最辉煌的时候垄断了地中海的贸易；腓尼基人善于创新，在象形文字和楔形文字的基础上创造了更加方便书写的腓尼基字母。

延伸思考

1.腓尼基人属于哪个族群的一支？

2.腓尼基人在地中海沿海修建了哪两个城市作为定居点？

3.腓尼基人发明的文字叫什么？

第十一章 新兴的优秀民族

名师导读

世界历史上有很多辉煌灿烂的文明。这些文明，都是优秀的民族创造的。今天我们就来了解一个新兴的优秀民族的历史。这是哪一个民族呢？让我们一起看看吧！

---

❶正面叙述

写出了历史上的一些优秀民族的消亡。

① 古埃及人、古巴比伦人、古亚述人和古腓尼基人都是优秀的民族，他们在地球上生活了三千多年的时间，直到最后逐渐消亡。之后，一个新兴的民族逐渐兴盛和强大起来，它就是印欧种族。他们成为欧洲的统治者，还统治着印度。

印欧人是白种人，他们的语言和闪米特人不同。他们使用的语言就是现在欧洲多种语言最初的起源。

读书笔记

印欧人在里海沿岸居住了上千年，后来他们开始向北迁徙。其中一部分来到了中亚，在伊朗高原上生活了很长时间。还有一部分人继续寻找新家园，来到了西欧，甚至最后还占领了整个欧洲大陆。其中一些人在导师查拉图斯特拉的带领下来到了海边，建立了自己的家园。

公元前 17 世纪，米底亚人建立了自己的国家，但是后来被居鲁士率领的安申部落灭亡。之后居鲁士和他的后代们南征北战，统治了西亚和古埃及。

波斯人不断地向西远征，与居住在爱琴海周围的一支印欧部落发生了矛盾。此次矛盾引发了三次希波战争，当时波斯的国王是大流士，[1]他想在欧洲大陆上建立一块属于波斯的殖民地。

❶心理描写

波斯本在西亚地区。但是，波斯国的国王大流士却野心勃勃，想在欧洲大陆上开疆拓土，建立一块殖民地。

希波战争的结果是希腊获胜，波斯军队战败，波斯人只能返回自己的国家。这是亚欧大陆间的第一次正面冲突，也是新老两个国家之间的实力对比。

精华赏析

本章介绍的这个民族，是继古埃及人、古巴比伦人、古亚述人和古腓尼基人之后的一个新兴的优秀民族。这个民族叫印欧人，白种人，有着独特的语言，在首领的带领下，建立了自己的家园，是世界历史优秀文明的一个重要组成部分。

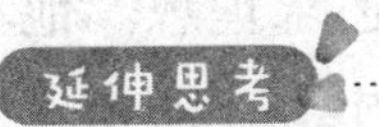

延伸思考

1. 米底亚被谁灭亡了？

2. 三次希波战争以哪一方战败而告终？

第十二章　爱琴海文明

名师导读

爱琴海是世界著名的旅游度假胜地，它是地中海的一部分，介于希腊半岛和小亚细亚半岛之间。海域东西长约300千米，南北长约600千米，是欧洲早期三大文明的发祥地。在爱琴海区域，曾经兴起了三种文化，但是后来在古埃及和其他外族的进攻下，爱琴海文明灭亡了。下面，我们一起来了解这个文明。

海因里希·谢尔曼还是孩子的时候，就听他的父亲讲特洛伊的故事。他便有了理想，长大后要去希腊寻找故事中所描述的内容。[①]谢尔曼的家境不好，但是这并没有阻止他追求理想。他不断积累钱财，以支持自己日后的考古工作。在他建立了一支考古探险队后，他就来到了小亚细亚，前往他认为的特洛伊古城。

❶转折　谢尔曼虽然家境不好，却能克服困难，坚持理想。

在当地，有一个高高的土丘，传说特洛伊城就埋在这个高丘之下。谢尔曼开始进行考古挖掘，发现了一座比特洛伊城还要古老的城市废墟。在这里，谢尔曼找到了一些雕像、珠宝和不属于希腊图案的花瓶。

谢尔曼对这些文物进行研究后得出结论：此废墟并不是真正的特洛伊古城，是比它还要早一千多年的部落留下的。从考古得到的文物中，谢尔曼推断当时的部族在各方面实力都比较强，比占领他们家园的希腊人要聪明得多。

19 世纪 70 年代末，谢尔曼在对迈锡尼废墟进行考察后，发现它遗留的各种文物十分珍贵，对于研究当时的种族很有价值。①研究发现，这个种族在希腊沿海地带修建了许多城市，城墙非常厚，也很坚实。

❶正面叙述

谢尔曼发现了一个新的文明——迈锡尼文明，对研究当地的种族历史很有价值。

经过考古学家的研究，他们认为文物的制作者以及城市的设计者都是当地的普通百姓。他们用自己的聪明才智和辛勤劳动建立了一座繁荣的城市，它不仅是当地重要的商业中心，也是东西方文化和贸易往来的主要枢纽。

在克里特岛和爱琴海建立的帝国存在长达一千多年的时间里，地位最为重要的城市是克里特岛北部的克诺索斯。城市的生活设施建设得比较完善，排水系统良好，取暖设施齐备。克诺索斯人在生活中开始使用浴缸，让自己更好地享受生活。国王的宫殿更是富丽堂皇，功能齐全，不仅有楼梯和宴会厅，还有储藏美酒和橄榄油的地窖。②宫殿的地窖很多，也很大，就像迷宫一样，给了后人无数想象的空间。但克里特岛上的文明是如何衰落和消亡的，现在还没有人说得清。

❷比喻修辞

地窖数量众多，结构复杂，而且面积很大，充分说明了克里特岛是一座繁荣的城市。

克里特人在文化方面擅长书写术，他们留下的碑文到现在还没有人能破译。根据爱琴海沿岸留下的遗迹，考古学家推测这个灿烂的文明是被欧洲北部的部落灭亡的，也就是古希腊人。

本章揭开了地中海文明的面纱。谢尔曼坚持理想，组织了探险队，对传说中的特洛伊古城进行挖掘，结果却发现了比特洛伊城要早一千多年的迈锡尼文明。另外，他在地中海的克里特岛上发现了一座城市，名叫克诺索斯。这座城市曾经的经济非常繁荣，文化艺术非常灿烂，是人类艺术的宝库。

1.是谁发现了迈锡尼文明？

2.克诺索斯城里有很多地窖，面积也很大，在文中被比喻成什么？

3.克里特人在文化方面擅长什么？

文中提到的克诺索斯位于克里特岛上，目前只是一座米诺斯文明遗址。这座遗址被认为是传说中米诺斯王的王宫，地位显赫，最为壮观，是那个时代的政治文化中心。这座遗址的发现者是英国考古学家阿瑟·伊文思，他在1878年发掘时发现了刻有线形文字的泥版，从而发现了一个未知的古文明。

第十三章　欧洲历史的真正开端

名师导读

在遥远的非洲大陆的尼罗河流域，诞生了非常发达的古埃及文明，后来它在古罗马的入侵之下灭亡了。在古代亚洲西部的两河流域，古巴比伦文明后来也消亡了。那么，欧洲历史的真正开端在哪儿呢？

当非洲大陆上的古埃及走向衰落，西亚两河流域的古巴比伦王国已经消亡的时候，欧洲印欧种族的一支游牧部落——赫愣人开始逐渐发展起来，他们就是现在希腊人的祖先。

传说中，世界上的人类曾经变得很邪恶，为了惩罚人类，众神之王宙斯毁灭了人类生活的家园，唯一幸存下来的是狄优克里安和妻子皮拉得，而赫愣就是他们的爱情结晶。

早期的赫愣人野蛮暴力，对待敌人更是血腥残忍。他们对希腊半岛上原来的居民皮拉斯基人进行大肆屠杀，占领了他们的家园，掠夺了他们的财富，把当地人变成了他们的奴隶。亚该亚人曾经为他们冲锋陷阵，得到了赫愣人的认可和赞扬。

赫愣人想占领爱琴海人居住的地方，但是他们知道自己的军事实力不强。①因为他们手里拿着的是石斧，而当时的爱琴海人已经使用金属武器。但是赫愣人并没有放弃，在很长的时间里，他们一点一点地去占领希腊的土地，在此定居下来，成了农民。

❶对比 写出了赫愣人和爱琴海人所用武器的差距。

读书笔记

赫愣人一直很好奇爱琴海人的发明创造，为此他们拜访了爱琴海人，从他们那里学到了很多有用的生存技能和先进的技术，知道了如何利用爱琴海去购买铁制武器，还知道了怎么样去航海。

当赫愣人的实力强大起来后，他们反过来征服了整个爱琴海上的城市。公元前 7 世纪，他们把一度文明程度很高的克诺索斯城占领，并毁灭了它。赫愣人成为整个希腊以及爱琴海周边的领导者，并在公元前 11 世纪的时候灭亡了特洛伊。

赫愣人非常残忍，大肆屠杀古希腊半岛上的居民，把他们变为奴隶。赫愣人还想扩大地盘，他们拜访爱琴海人，学习先进技术和购买铁制兵器。结果，赫愣人越来越强大，最终灭掉了爱琴海人，统治了整个希腊和爱琴海周边。欧洲的历史真正开始。

延伸思考

1. 赫愣人使用石斧，爱琴海人使用什么兵器？

2. 赫愣人拜访谁学习生存技能和购买铁制武器？

3. 欧洲真正的历史开始于什么时候？

相关链接

文中提到的古巴比伦王国曾存在着被称为“世界八大奇迹”之一的建筑——空中花园。它的美丽令人心驰神往，创造之谜更让人迷惑不解。

第十四章　古希腊城邦

名师导读

古希腊，西方历史的源头，存在时间大约有六百五十年。古希腊处在南欧，主要包含今巴尔干半岛南部、小亚细亚半岛的西岸和爱琴海的岛屿。古希腊在公元前5世纪时，高度繁荣，创造了辉煌的希腊文化，影响至今。其中哲学、历史、文学、戏剧、雕塑等都达到了巅峰，后为古罗马所破坏。下面，就让我们一起来了解这段历史吧！

读书笔记

古希腊人认为做什么事情都要有“度”，这是他们生活的准则，也是他们一直履行和实践的。在日常生活中，他们对事物一直保持着适度和有节制的热爱。古希腊人修建的神庙并不高大，但是精致美观。不论男女，在穿衣打扮等方面都表现出古希腊人在“度”方面的个性。甚至在日常公众活动中，他们也会把这种特性发扬光大。

古希腊的政治家和运动员也被要求掌握平衡与适度感，当时一个著名的长跑运动员曾经吹嘘自己单脚可以站很长时间，结果被希腊人赶了出去。他们认为他的做法算不了什么，普通家禽都能做到。

希腊人具有这些优良的品质并不是天生的，而是与他们生活的社会状态有关。

在古埃及和古巴比伦的国度里，国王住在王宫里，高高在上。国王住在宫殿里，统治着国家，人们是终身为国王出力的“臣民”和“奴隶”。[1] 但是古代希腊人生活的社会状态并不是这样，古代希腊是由几百个奴隶制城邦所组成的地域。这些奴隶制城邦面积都不大，人口也不多。它们的存在，让古代希腊并不统一。每个城邦各自为政，互不统属。

❶转折 古埃及和古巴比伦是国王独裁统治模式，在古希腊，却是另外一种模式。

对于古希腊人来说，他们的祖国并不大，只有几英亩的面积。在这种环境下生活的人们，他们的思想必然和其他民族不同。古希腊人所在的地方人口少，大家彼此熟悉。如果自己做了什么，国家的每一个人都会知道。如果自己努力地做了某件事，就会被呈现在每个公民面前，由着他们去评价。如果想得到大家的好评，就不得不努力去做得更好，更完美。很多古希腊人从小就受到教育，如果做事不能适度和节制自己的行为，那就不会达到想要的完美。

在人们都默认的规则面前，古希腊人努力让自己更加优秀。[2] 他们创造新的政治体制，提出了新的文学模式，构思出新的艺术理念。他们的历史贡献让后人叹为

❷解释说明 说明古希腊人在让自己更优秀这方面付出了巨大的努力，最终创造出了灿烂的文化。

规则：规定出来供大家共同遵守的制度或章程。

读书笔记

观止，不明白他们为什么能够在那么狭小的土地上，创造出如此优秀的灿烂文化。

公元前4世纪，希腊北部的马其顿在亚历山大大帝的领导下，开始不断征服其他国家。在对外扩张的过程中，他把古希腊文化传播到军队征战到的地方。但是古希腊文化离开了适合它的土壤，到达陌生的土地，遇到了陌生的国情后，就变得没有那么优秀和具有灵性了。

当古希腊被外邦人占领后，它的文化也开始逐渐地衰亡，再也没有复活过来。

精华赏析

古希腊和其他统一的国家不同，它是一个城邦制国家。各个城邦大小不一，互不相属，各自为政。因为各城邦面积都不大，所以古希腊人一有所表现，全城邦的人就都知道了。人们为了表明自己优秀，展示自己，于是在建筑、文学、艺术等方面进行创新，创造了灿烂的文化。

延伸思考

1. 古希腊历史存在了大约多少年？

2. 古希腊人在哪些方面表现出“度”的个性？

3. 古希腊的政治家和运动员们被要求掌握什么原则？

相关链接

文中提到的亚历山大大帝，是著名的军事家和政治家，欧洲史上四大统帅之一，古马其顿国王。亚历山大大帝先统治了古希腊，又灭了波斯，建立了横跨欧、亚、非辽阔土地的大帝国，使古希腊成为当时世界四大帝国之一。亚历山大大帝的举措，使得古希腊文化达到了空前的繁荣和发展，促进了东西方文化的交流。

第十五章　古希腊城邦的自治制度

名师导读

古希腊是个城邦国家，各个城邦面积不大，人口不多，彼此间也比较熟悉。那么古希腊的城邦自治制度到底是什么样的呢？让我们一起来了解吧！

---

❶正面描写　写出了最初古希腊人过着平等的生活。

[1] 最初，古希腊人过着财产均等的生活，按自己的想法做事。遇到重要事情时大家聚在一起讨论，所有的人都要参加。他们推荐一位德高望重的老人做会议的主席，以保证每个公民在会议上都能发表意见。

如果遇到有战争发生，大家会推选出一个有能力的人做军事统帅，带领大家去对付外敌。危机过后，人们再把他的权力收回来。

读书笔记

随着时间的推移，古希腊人居住的地方已经成为大城市。人们的生活状态开始产生变化，有了贫富差距，也出现了具有鲜明对比的两个阶层。

原来被推选出来带领大家取得军事斗争胜利的统

帅，成了人们心目中公认的领导者，被称为“首脑”或“国王”。① 这个位置逐渐被一小撮贵族把持，这些贵族就是整个国家的富有阶级。

❶解释说明

为了维护自己的利益，“首脑”或“国王”这个位置就被一些贵族把持了。

贵族们往往享有普通公民不能拥有的特权，可以购买精良的武器，也有时间操练搏击术。这些贵族住在大宅院里，拥有自己的雇佣兵。他们会为了谁来统治城市而争斗，谁能在争斗中赢得胜利就可以取得王位。

在古希腊的城邦中，几乎每一个城邦都有依靠士兵保护自己安全的国王，他们被人们称为“暴君”。虽然统治者中也有一些特别有才能的，但是当时的统治制度并不能取悦人民，他们试图改变这种状况。古希腊早期的民主制度，就是在尝试中发展起来的。

公元前 7 世纪初，古希腊的雅典废除僭主制度，给了公民更多的政治权利。雅典人还委托一位叫德拉古的律师制定一部保护穷人的法律，但是由于德拉古的身份，他不能站在普通公民的角度来考虑法律条文的制定。因此他编写的法典过于苛刻，根本无法推行。

读书笔记

之后，雅典的梭伦制定出一部全新的法典，真正体现了古希腊人信奉的“适度”原则。在这部法典中，梭伦掌握了适度的“平衡”，既努力改善了农民的生活，也没有真正触动富人的利益。为了保护穷人阶级的利益，让他们免受损失，梭伦还提出了建立由三十位雅典公民组成的陪审团。

在梭伦制定的法典中，他运用法律的力量让更多的

❶转折 “虽然……但是……”表示转折关系，在这里，重点是肯定后者，肯定了古希腊人民主、独立、自由的精神。

公民参与到城邦事务中。法典提出每个公民都要履行为国家出力的义务，去出席政府组织的集会，为国家事务进言献策。① 虽然全体公民参加的大会办事效率低，还有争权夺利的情况，但是古希腊人民主、独立、自由的精神值得后人学习。

古希腊原本有民主议事制度，而且鼓励人们积极参与重大事件的讨论。但是后来由于贫富差距，社会上出现了对比鲜明的阶层，富有阶层享有很多特权。直到梭伦改革，更多的普通公民才能够参与到国家政事中来。

1. 古希腊人是怎样议事的？
2. 古希腊最有名的改革是谁主持开展的？
3. 为了确保穷人的利益，梭伦采取了什么措施？

相关链接

文中提到的陪审团，指的是向法官宣誓而且要对案子进行裁决的一批人。目前采取陪审团制度的国家有美国、日本、英国等。陪审团有大陪审团，由二十三人组成；也有小陪审团，一般由六到十二人组成。

第十六章　古希腊的生活

名师导读

古希腊有民主议事制度，鼓励人们积极参与国家重大事件。那么古希腊人的生活是怎样的呢？让我们一起来了解吧！

古希腊人在家庭和政治生活中如何应对自如？看看下面的介绍就知道了。

古希腊民主制度其实并不属于所有人，只对一类市民开放，那就是城邦的自由民。[1] 但是每个城市里的自由民只是少数，更多的是受到压迫的奴隶和一小部分的外国人。古希腊人只有在战争人手不够的情况下，才会给外国人公民权，但是这种情况很少见。雅典人的身份和他的出身有密切关系，如果他的父母是雅典人，他才是雅典人，如果不是，那他只能是个“外国人”。

❶对比修辞　说明古希腊民主实际上只是少数人的民主。

希腊的每个城市基本上都是由自由民来管理的，他们为自己的阶层争取更大的利益。在这样的城市里，如果没有多于自由民数量六倍的奴隶，就不可能推翻他们的统治。奴隶为这个国家付出了大量的劳动，却是生活在最底层的人。

奴隶们是城市的劳动者，他们做各种各样的工作。他们的主人有了这些人的帮助，就可以去参加城市集会，去讨论国家的重大事件，还可以去看戏剧以及参加辩论。

❶比喻修辞

当时的自由民可以发表意见和观点，可以公开和对方辩论。

[1]那个时代的雅典就像现在的俱乐部，自由民是会员，奴隶们为他们服务。自由民在这里可以提出自己的观点和建议，推动国家的发展。

这个时候的奴隶没有任何的人身自由，承受的负担更重。即使是一些自由民，他们也会因为无法还债而沦为债务奴隶，在富人农庄里做帮工，生活非常悲惨。古希腊人信奉“做事要有度”的原则，他们对奴隶比较温和。但是后来占领希腊半岛的古罗马人就没有这么温和了，他们对待奴隶就如同对待动物一样。

在古希腊，人们认为实行奴隶制是很有必要的，如果没有这群人的辛勤劳动，城市就不会让文明人住得更加舒适。

奴隶们每天的工作量很大，他们做着繁杂的劳动。古希腊人不想让繁重的家务占用他们更多的时间，他们要求的是悠闲和舒适的日常生活，即使居住环境再简朴也没关系。

读书笔记

古希腊人的居住环境非常简单，就连富人的房屋也比较简陋。他们的房屋只有四面墙壁和一个屋顶，留着一扇门通向街道。家里还有一个露天的院子，里面建一座喷泉或是小雕塑进行装饰。院子里还种有植物，使整个环境显得更明亮和宽敞。天气好的时候，全家人就会坐在院子里。厨房里奴隶为他们制作食物，书房里奴隶在教孩子们学习，另一个房间里还有奴隶在为主人缝补衣服。古希腊家庭中的女主人很少抛头露面，因为不体面。男主人在家的时候也不闲着，会对农庄的账目进行核对。

晚饭时，一家人坐在一起吃饭。①他们吃的食物很简单，吃的速度也比较快。古希腊人认为饮食是人的欲望，吃饭就像做了错事。他们的主要食物是面包和葡萄酒，偶尔会有肉和蔬菜，喝水也非常少。他们还会搞一些聚餐活动，但并不是大吃大喝，而是借助这样的机会更好地讨论事情。

❶解释说明

古希腊人的饮食很简单。

古希腊人不仅在饮食方面比较克制，在穿着方面也比较简朴。他们比较在意自己的整体形象，会经常修饰外貌。他们还经常锻炼身体，②比如游泳和跑步等都是他们喜欢的项目。他们不随波逐流追求流行，经常就穿一件白袍参加各种活动。

❷解释说明

列举了古希腊人的锻炼方式。

古希腊的男人们也愿意让自己的妻子打扮，但是他们又不想过分显露富有，认为这样很庸俗。因此女人们在外面都比较低调，尽量不成为人们关注的目标。

古希腊人喜欢简单的生活，连一些日常用品都尽量不使用。他们感觉这些物品会花费他们大量的时间，反而更愿意从中得到解脱，让自己的生活和心灵都更加自由自在。

读书笔记

精华赏析

古希腊的奴隶从事大量的劳动，而自由民享有公民权、财产权等。他们可以发表意见，高谈阔论，但是居住得很简单，饮食也朴素；他们注重自己的修养，言谈举止很优雅。其目的只有一个，那就是——让自己自由快乐。

延伸思考

1. 古希腊的民主制度只对哪种人开放?

2. 古希腊人喜欢哪些锻炼方式?

3. 古希腊人主要吃什么?

相关链接

文中提到古希腊人在穿着方面比较简朴，他们常穿以下两种服饰：多利安式和爱奥尼亚式。多利安式具有简朴、庄重的男性服饰特征，爱奥尼亚式则具有纤细、优雅的女性服饰特征。

第十七章　古希腊的戏剧

名师导读

在历史的长河中，古希腊的文化，如古希腊神话、古希腊艺术等，在世界上占有极其重要的地位，一直没有被战争的烟云湮没，而是具有持久的生命力，至今熠熠生辉。古希腊的喜剧和悲剧，是全世界最早的戏剧形式。雅典的剧作品、剧场，对西方的文化产生了巨大而深远的影响。让我们一起来了解一下吧！

人类的第一种娱乐形式——戏剧

诗歌在古希腊人的生活中是必不可少的，是他们用来歌颂祖先的作品。他们收集了不少关于先祖打败皮拉斯基人和毁灭特洛伊城的诗歌，并进行大肆宣传。我们现在看到的戏剧并不起源于这些诗歌，而是比较独特的。

读书笔记

古希腊人喜欢游行，每年都会举办游行来歌颂狄俄尼索斯酒神。这与他们喜欢喝葡萄酒有关。

在古希腊人的心目中，这位酒神一直在葡萄园中居住，和叫作萨堤罗斯的怪物们生活在一起，过得很快活。因此古希腊人在游行的时候，就会在身上披上羊皮，发出羊的叫声。[①] 学山羊发声的歌手们被人们叫作山羊歌手，后来这个称呼就演变成"悲剧"。从戏剧的划分上来说，"悲剧"往往有一个悲惨的结局，"喜剧"往往以大团圆收场。

❶解释说明

原来悲剧和"山羊歌手"有关。由此可见古希腊人在艺术方面过人的智慧。

山羊歌手唱出的如羊叫般的合唱，后来如何发展成为戏剧的呢？

最初，山羊歌手的合唱许多人都爱听，但是时间长了，人们开始反感，认为这与噪声差不多。为了满足人们的需要，合唱队开始在合唱中加入新的内容。一个年轻诗人想出新点子，他让合唱团中的一个成员离开队列，站在前面一边说话一边舞动双臂。他做出各种姿势，并提出问题让乐队一一回答。

这种方式，后来演变成了戏剧中的"对白"，用来讲述某个神的故事。这个新点子推出后，群众都比较认可。后来在游行的表演里，都少不了这样的对话表演，它的表演地位也越来越重要。

读书笔记

古希腊的埃斯库罗斯是当时最有名的悲剧家，他一生写出了八十多部悲剧。他还在戏剧的表演形式上做过创新，在"对白"方面，他让两名演员走到前面进行对话。后来索福克勒斯又让对话的演员由两名增加到三名。公元前 5 世纪的时候，欧里庇德斯创作的悲剧，选用演员时会根据剧情需要来选。阿里斯托芬写的戏剧，让合唱队的地位一落千丈，成为旁观者。他们要做的就是在戏剧中的英雄们做了与神意不符的事情时，大声高唱：“啊！这是一个多么恐怖的世界！”

读书笔记

当戏剧的形式变得丰富多彩后，就需要一个合适的演出场所。古希腊的每个城市里都出现过演出戏剧的剧院，它一般修建在山体旁边。观众坐在长凳上，面对一个半圆形的表演场地。演员和合唱团在上台前先在场地后面的大帐篷里化妆，佩戴象征不同表情的面具。后来帐篷逐渐发展成为现代戏剧中的布景。

去剧院看悲剧成了当时希腊人生活的一部分，他们对此事非常上心，就如同去参加政治活动。新戏上演和选举领导者一样重要，戏剧家的剧作如果演出成功，①他所得到的荣誉可以和一个将军打了胜仗相提并论。

①对比修辞

说明古希腊人对戏剧家的演出是何等重视。

古希腊歌手学山羊叫，所以被叫作山羊歌手；许多山羊歌手一起唱，就被叫作群羊合唱。虽然很难听，不被人们接受，但是他们逐渐改进，慢慢地被观众喜欢，融入了古希腊人的生活。古希腊的戏剧就是由山羊歌手的合唱演变而来的。

延伸思考

1. 学山羊叫的人被称作什么?

2. 古希腊最著名的悲剧家是谁?

3. 古希腊的戏剧是如何改进的?

相关链接

文中提到的埃斯库罗斯（前525—前456），出生于一个贵族家庭，是古希腊最负盛名的悲剧作家，有“悲剧之父”之称。埃斯库罗斯的代表作有《被缚的普罗米修斯》《阿伽门农》《复仇女神》等。

第十八章　希波战争

名师导读

希波战争，发生在古代波斯和古代希腊两国之间。起因是古波斯野心勃勃，醉心于扩大版图，开始攻打古希腊。谁知，战争双方陷入胶着状态，陆陆续续打了近五十年，最后以古希腊的艰难获胜而告终。这场战争，是世界上第一次横跨欧、亚两大洲的大规模战争，虽然造成了巨大的灾难，但是也促进了东西方经济与文化的交流。

爱琴海人在经济上一直向腓尼基人学习，他们学会了贸易，又不断在海外建立殖民地，①得到的利润远远超过了腓尼基人。公元前5世纪时，爱琴海人控制了小亚细亚沿岸，抢走了腓尼基人的商业地盘。这种行为让腓尼基人很痛恨，但是由于实力不足，他们不能对抗爱琴海人，只能伺机报复。

❶对比修辞　说明爱琴海人的经济实力远远超过腓尼基人。

这个时期波斯帝国逐渐强大起来，占领了西亚的大部分。波斯人对于占领地的人民并没有采用残暴的统治，只是要求他们定期缴纳赋税。波斯人占领小亚细亚时，他们要求原来被古希腊人控制的殖民地臣服于自己，并且定期缴税。这个要求遭到了古希腊殖民地人民的拒绝，他们向古希腊人求助，希望对方能够帮助自己。

波斯帝国本来就认为希腊半岛上实行的城邦制是隐患，现在他们认为消灭这个制度的时机到了，只要占领古希腊，就可以把这个制度废除。

❶解释说明

说明古希腊人占据了良好的地理位置。

① 有爱琴海作为天然屏障，再加上海边有重兵把守，古希腊人感觉波斯人不会攻到岸边来。马拉松战役的胜利就是很好的证明，也给古希腊人换来了一段时期的和平。

之后八年的时间，波斯人不但没有放弃占领希腊的想法，反而不断增强自己的实力。古希腊人意识到波斯人的阴谋，并没有放松警惕，只是如何来应对未来波斯人发动的侵略战争，雅典人内部有不同意见。阿里斯蒂里司领导的一派人认为增加陆军实力，泰米斯托克利领导的一派人认为增加海军实力。他们的相互争吵，使防御问题一拖再拖。最后泰米斯托克利一派赢得了政治斗争的胜利，他们建造了大量的战船，使比雷埃夫斯成为一个坚固的海军基地。

公元前 481 年，波斯军队从希腊北部开始入侵。在民族危机严重的情况下，希腊城邦中的斯巴达被推举出来领导希腊联军。但是对北方战事的不重视，让古希腊人忽视了波斯人可能从北方进军的危险性。

❷正面描写

温泉关战役在古代军事史上非常有名。这里写出了战役的经过和结果。

② 斯巴达国王李奥尼达带领一小支军队防守色萨利通过希腊南部的一条重要通道。这里易守难攻，古希腊人经过顽强的奋战后，阻挡了波斯人前进的脚步。但是

古希腊人还是被出卖了。一个叫埃菲阿尔蒂斯的人引领波斯军队从小路绕到了斯巴达军队的后面。双方在温泉关进行了激烈战斗，斯巴达军队全军覆没，国王李奥尼达也阵亡了。

温泉关战役后，波斯军队长驱直入，占领了希腊半岛很多地方。他们占领雅典后，把城市夷为平地，人民四处逃亡。公元前 480 年 9 月 20 日，泰米斯托克利用希腊的海军，把波斯舰队引到半岛和萨拉米岛间的狭窄水域。雅典海军凭借顽强的斗志，毁损了波斯大部分的军舰，取得了战役的胜利。

读书笔记

海军舰队的失利，使波斯军队受到了沉重的打击，最终在国王的带领下不得不撤退。波斯军队撤退到希腊北部的色萨利，准备第二年再攻打希腊。

经过上次的战争，斯巴达人认识到和波斯的军事斗争关系到整个希腊的前途。他们修建了一条长长的城墙来庇护希腊。这次斯巴达的军队主动出击波斯军队，普拉提亚战役开始。十多万希腊联军经过艰难攻击，最终打败了波斯军队。这次战役胜利的同时，希腊海军也将停留在小亚细亚米卡尔角的波斯舰队全部摧毁。

希波战争是欧亚大陆间的第一次直接对抗，希腊联军取得了胜利。雅典赢得了声誉，斯巴达军队的英名也让更多人熟知。如果希腊半岛上的这两个城邦能够一直团结起来，就可以领导整个希腊半岛。

读书笔记

但是两个城邦之间的隔阂并不是那么容易消除的，当民族危机逐渐消除后，他们之间的矛盾却越来越严重。

古希腊实行城邦制，古波斯一直想铲除这种制度，并且做了非常充分的准备。后来古波斯开始入侵希腊北部，遭到了英勇的斯巴达军队的顽强抵抗。由于叛徒的出卖，最后斯巴达战败。但是在大敌当前的情况下，古希腊各城邦组成了联军，经过多年的鏖战，最终打败了古波斯。

延伸思考

1. 希波战争打了将近多少年?

2. 温泉关战役中，战死的斯巴达国王叫什么名字?

3. 希波战争最后以哪一方的战败而结束?

文中提到的斯巴达，是古希腊的一个城邦。斯巴达人具有尚武精神，为了培养孩子们这样的精神，为国家培养勇士，斯巴达婴儿一生下来就被丢进深山，七天后，再去把存活下来的婴儿带回来哺育。孩子十二岁就要服兵役，六十岁退伍，为斯巴达军队保证了超强的战斗力。

第十九章　伯罗奔尼撒战争

名师导读

伯罗奔尼撒战争，结束了古希腊辉煌的民主时代，开始独裁统治。这场战争的双方是以雅典为首的提洛同盟和以斯巴达为首的伯罗奔尼撒联盟。这场战争，打了几乎三十年，破坏了古希腊的经济、社会、文化等各个方面，是古希腊由繁荣转向衰落的转折点。我们一起往下阅读吧！

希腊半岛的城邦中最有名的是雅典和斯巴达，他们有共同的语言，但是其他方面却有很大的区别。[1] 雅典是个临海城邦，而斯巴达处在内陆的山谷盆地中。雅典由于地理位置优越，对外贸易发达；斯巴达却以军事为主，整个城邦就像一个军营，公民们都希望自己成为一名英勇的士兵。雅典人喜欢写诗论诗和辩论，而斯巴达人看重军队格斗，喜欢战争。

❶对比修辞

写出了雅典注重经济和人文，而斯巴达则注重军事。

斯巴达和雅典的矛盾，来源于希波战争中雅典取得胜利而埋下了仇恨的种子。战争结束后，雅典人开

读书笔记

始建设自己的家园，重建雅典卫城作为祭祀雅典女神的神殿。当时雅典的领导者伯里克利四处寻找艺术家和科学家，希望他们为雅典服务。当然伯里克利也没有忘记对斯巴达的警惕，他修建了一座高大城池来防备对方的进攻。

由于一次矛盾，希腊城邦之间的战火被点燃。雅典和斯巴达之间的战争持续了三十年，最后雅典战败。

雅典和斯巴达之间的战争历史上称为伯罗奔尼撒战争，战争进行到第三年，瘟疫袭击了雅典。将近一半的雅典人民死于这场瘟疫，就连他们的领袖伯里克利也去世了。这个时候，一个叫阿尔西比亚德的人赢得了民心，成为新的领袖。他打算对斯巴达在西西里岛上的殖民地锡拉库扎进行征战，准备工作都做好了，结果阿尔西比亚德在一次斗殴事件中身亡。①继任的领袖能力有限，指挥错误，导致雅典海军全军覆没，陆军也受到了重创。幸存下来的部分雅典士兵被俘后成为苦力，很多最后体力不支死掉。

①解释说明

写出了雅典战败的原因。

攻打斯巴达殖民地的失败，使雅典元气大伤。公元前404年，雅典被迫投降，修建的城墙也被推倒了。雅典曾经强盛过，也征服过别的地方，但是现在成了别的政权的占领地，失去了希腊半岛文明中心的地位。纵然如此，雅典人对知识的追求，提倡的自由精神，都长久地留在了世界人民的心中，永远也不会消失。

注释

瘟疫：指流行性急性传染病。

①虽然雅典没落了，但是作为欧洲文明的中心，它遗留下的宝贵精神财富影响着整个世界的发展。

❶**转折** 肯定了雅典精神对世界的巨大贡献。

精华赏析

雅典在抗击波斯入侵的战争中取得了巨大的胜利，雅典和斯巴达之间就此埋下了仇恨的种子。于是在波斯退出希腊半岛之后，双方就发动了战争。经过三十年的交战，斯巴达最终获得了胜利。

延伸思考

1. 伯罗奔尼撒战争的交战双方是谁？
2. 伯罗奔尼撒战争持续了多少年？
3. 伯罗奔尼撒战争以哪一方获胜而告终？

相关链接

文中提到的雅典卫城，位于雅典市中心的一座山上。大约有 4 平方千米，建于公元前 580 年，是雅典最著名的庞大建筑群，也是雅典的宗教中心、政治中心。卫城里闻名遐迩的建筑——雅典娜神庙，是供奉雅典保护神雅典娜的，后来人们就称雅典卫城为热爱和平之城。

第二十章　亚历山大大帝

名师导读

亚历山大年轻英俊，是古马其顿国的国王。亚历山大二十岁即位，就展示了非凡的军事指挥才能。他征服了希腊半岛，灭掉了庞大的波斯帝国，建立起横跨欧、亚、非三洲的亚历山大帝国，创下了辉煌的业绩，是世界上最杰出的政治家、军事家之一。下面我们就一起来了解这位人物吧！

---

❶正面叙述　简单地介绍了马其顿居民的来历，马其顿和希腊人之间的关系。这里的“关注”用得非常好，内涵很丰富。

① 欧洲的亚细亚人离开自己的家园，来到了马其顿。那个时候希腊人就和他们有了联系，马其顿人也一直关注着希腊半岛。

斯巴达和雅典的伯罗奔尼撒战争结束时，马其顿人正在一位名叫菲利浦的国王的领导下生活着。菲利浦国王很羡慕希腊的先进文化，但是又看不起他们的政治制度，认为他们把精力都放在争斗中。菲利浦率领马其顿的军队占领了希腊，之后又带领军队去征服波斯。

可是远征还没有开始，菲利浦就被谋杀了，远征波斯的任务就落在了亚历山大的身上。亚历山大曾经师从于希腊哲学家亚里士多德，对希腊文化一直仰慕。

读书笔记

公元前304年，亚历山大率领军队向东远征。七年之后，他们来到了印度。在这七年的时间内，他灭亡了腓尼基人，占领了古埃及，还征服了波斯。占领西亚的两河流域后，他率领军队向喜马拉雅山进军。亚历山大占领了广阔的领土，但是他仍然不满足。

亚历山大学习过希腊文化，他希望自己建立的国家延续希腊文化。他下达命令，人民都要学习希腊语言，居住的房屋也要建成希腊风格的。每到一处，亚历山大和他的士兵们就成了希腊文化的传播者。[1]希腊文化如潮水般地被传到亚历山大所征服的土地，影响非常大。但是这个时期，亚历山大却因为感染热病，突然去世。

❶比喻修辞

希腊文化被亚历山大大帝和他的士兵们传播到了所征服的地方。用“如潮水般”形容传播速度之快、传播范围之广。

亚历山大去世后，他所建立的庞大帝国瓦解。但是他将希腊文明传播到东方的行为推动了东西方文化的交流，为人类社会的发展做出了巨大贡献。

亚历山大帝国分裂成许多小国家。后来古罗马帝国兴起，占领了欧、亚、非三洲许多领土。亚历山大推行的精神遗产，被古罗马帝国逐渐吸收，融入它的文化，至今还对世界产生着巨大的影响。

文明起源的总结

古代世界的文明地区，从尼罗河流域的古代埃及开始，到美索不达米亚平原的古代巴比伦，再到欧洲爱琴海文明，一直到整个欧洲大陆。在整个人类文明史中，这些区域的人们都创造出了灿烂的文化。[1]他们之间的文明互相传递着，最后交到了古罗马人的手里，因为他们成了地中海真正的主人。

❶解释说明　写出了整个人类的灿烂文化被相互传递着。

在历史发展的过程中，印欧人和闪米特人为了争夺地中海沿岸的统治权，不断地进行争战，最后古罗马帝国占领了欧、亚、非三洲的许多地方，将古代文明进行了融合，为现代欧洲文明的发展奠定了基础。

人类社会的发展历程虽然复杂，但是只要把握好线索，整个历史进程就会变得很清晰。

精华赏析

亚历山大占领了希腊半岛；又灭掉了腓尼基人，占领了埃及；然后以少胜多打败了波斯帝国，占领了小亚细亚，建立起地跨欧、亚、非三洲的大帝国，史称亚历山大大帝。亚历山大大帝去世后，帝国也分裂成若干小国家。

延伸思考

1.亚历山大大帝建立的地跨欧、亚、非的大帝国叫什么名字？

2.亚历山大大帝死于什么疾病？

3.亚历山大大帝去世后，其建立的庞大帝国命运如何？

第二十一章　古罗马与迦太基的交锋

名师导读

大家知道迦太基是今天的什么地方吗？迦太基其实就在今天非洲北部的突尼斯首都附近十多千米的地方。迦太基人非常精明，制作出精美的工艺品在地中海沿岸销售。迦太基人又非常勇敢，他们踏着扁平的小舟在地中海各港口穿梭。迦太基人创造了辉煌灿烂的文化，古罗马、古希腊都曾经吃过迦太基人的苦头。今天，我们就一起来揭开这段历史的真相吧！

闪米特种族在非洲的殖民地——迦太基，为了得到西地中海的统治权，与生活在意大利西海岸的古罗马人发生了激烈的战争。战争以迦太基的灭亡而告终。

富人统治下的迦太基

腓尼基人在非洲建立了贸易据点——卡特·哈斯达特，地理位置重要，是商业中心和贸易中转站。[①]公元前6世纪，巴比伦占领了哈斯达特，建立了一个独立国

❶解释说明

简要介绍了迦太基的来历。

家——迦太基，它成为闪米特人向西方扩充势力的后方基地。

迦太基虽然成了闪米特人的殖民地，但是仍然保留了腓尼基人统治时期的一些特征。它是东西方贸易中的重要中转站，就像一个大商号，外面由强大的海军做护卫。迦太基人除了经商，对其他生活方式并不热衷。这里的统治权被少数的富人集团掌握，他们也被称为财阀统治。

在迦太基真正掌握政权的富人集团实际上人数并不多，是由十二个大船主、大矿场主和大商人所组成的。他们经常集中在一起，商讨国家的大事。[①]他们把国家当作一个大公司，想方设法地从这个公司中获得更大利益。他们努力工作，对周围地区的动态也很关注。

❶比喻修辞

本体是国家，喻体是大公司。

之后迦太基的实力增强，对周边地区的控制力也越来越强。这些属地定时向它贡奉财物，这成为迦太基富有的一个重要来源。

迦太基的富人政权之所以能够存在下去，从某种程度上说是因为得到了当地人们的认可。因为这个政权能够给予人们较多的工作机会和薪水，让他们能够安心生活，因此人们并没有反抗这样的政权。但是一旦这样的生活被打破，人们没有了生活的来源，就会要求召开平民会议。这在迦太基是自治共和国的时候，已经算是惯例了。

读书笔记

为了预防人们出现不满和暴乱，政府只能尽心尽力地管理这个城市。在五百年的时间里，迦太基一直向外进行商业扩张，而且进展顺利。但是当意大利台伯河边兴起的古罗马国家不断强大时，迦太基人感觉到了危险。

① 迦太基人不会允许自己的身边出现强大的竞争对手，他们决定在古罗马还没有强大之前灭亡它，否则自己就会失去在地中海的贸易控制权。

❶解释说明

俗话说，“一山容不得二虎”。迦太基人决定先下手为强，一场恶战就不可避免了。

古罗马的兴起

在欧洲，最早的文明起源于希腊半岛，这里对外贸易发达，文明程度较高。而与它一海之隔的亚平宁半岛还处于蒙昧的状态下，生产力低下，对外贸易几乎没有，人们更是生活在与世隔绝的状态下。

第一次入侵亚平宁半岛的侵略者来自北方，一些印欧种族的游牧部落向南迁徙来到了这里，占领了整个半岛。他们的历史已经不可考，如果不是《荷马史诗》中的一些记载，人们恐怕根本不知道他们的存在。古罗马城是在之后建立起来的，后来发展为大帝国的统治中心。

古罗马城的出现与它的地理位置有关，② 这里地处要道，而且交通便利，是非常好的贸易地点，人们不断把货物放在这里进行交易。古罗马城位于意大利中部的台伯河边，有自己的出海口，还有交通要道，也有供人们休息的地方。这里的七座山丘是人们用来避敌的地方，他们的敌人主要来自周围山区或滨海地区。

❷解释说明

古罗马城是怎么兴起的？这和古罗马城本身所处的独特的地理位置有很大的关系。

古罗马城周围山地里居住的是萨宾人，他们生性莽撞，喜欢掠夺，以此来维持生活。萨宾人的武器是石斧和木制盾牌，如果对抗已经使用钢剑的古罗马人，

读书笔记

显然没有优势。所以说古罗马人真正的敌人是居住在滨海的人们，他们被称为伊特拉斯坎人，有关他们的历史现在已经无从考证，只是留下一些神秘的至今未解的文字。

据推测，伊特拉斯坎人最初是从小亚细亚过来的，由于某种原因他们离开家园，来到了现在居住的地方。他们是文明的使者，把东方的文明传播到了西方，使古罗马人掌握了更多的知识和技能。

古罗马人对伊特拉斯坎人并没有好感，希望摆脱他们的束缚。当希腊的商船来到古罗马城时，当地人对此热烈欢迎。希腊人后来成了古罗马人的引路人，因为古罗马人愿意接受新事物。①当古罗马人认识到文字带来的好处时，他们按照希腊文字的样子，创造了自己的文字——拉丁文。为了推动贸易的发展，古罗马人还制定了统一的货币和度量衡。古罗马人不断地创制新的事物，他们造就的文明程度绝对不亚于希腊文明。

❶**解释说明**

古罗马人思维敏捷，能够创新，愿意接受新的事物。这里介绍了拉丁文的来源。

古罗马人对希腊信奉的诸神非常认可，也把他们请到了自己的国家，只不过给他们起了新的名字，比如宙斯被称为朱庇特。诸神分工不同，但都非常尽职尽责地管理着自己的事务。他们是公平、正义的化身，帮助人们解决各种难事。他们希望信奉他们的人民能够绝对顺从和忠诚，古罗马人也这么做了，只是他们和诸神之间并没有建立一种很亲密的神人关系，在这一点上，古罗马人和希腊人是不同的。

②古罗马人虽然把希腊人当作自己的导师，但是并没有引进他们的政治制度。他们不想用不切实际的言论

❷**转折**

因为古罗马人觉得空谈误国。

和演讲来治理国家，认为平民大会只是纸上谈兵，会耽误国家的发展。古罗马人选出两名执政官来掌握城市的权力，又设置元老院进行辅佐。元老院由出身贵族阶层的人组成，但是权力受到限制。在平民不断的斗争下，古罗马制定了一部成文法典。法典要求古罗马设置保民官来保护平民的利益，使他们免受贵族的迫害。保民官由当地的自由民选举产生，主要职能是监督政府官员，一旦他们办事不公，保民官有权进行阻止，使自由民的权利不受到损害。在古罗马的法律中，执政官的权力很大，但是保民官有权介入没有被证实的案件，去尽力保住案件当事人的性命。

读书笔记

古罗马并不只是指拥有几千人口的小城市，实际上还包括城外的大片乡村地区。在对这些地区的管理上，古罗马人有大量的经验。古罗马城是当时意大利中部一座坚固的堡垒，对于外族人保持着欢迎的态度，收容其他拉丁部落的受难者。这些部落后来意识到，与古罗马保持好的关系，可以保障自身的安全，因此他们与古罗马城建立了合作关系。这也是古罗马人的聪明所在，他们给外族人一个平等的机会，得到了他们的信任和好感。

读书笔记

古罗马在接收外族人时，给他们和公民一样的待遇。当然他们也希望自己的城市和国家受到其他民族入侵时，这些外族人能够帮助他们，和他们共同作战。这个要求得到了外族人的认可，他们还感谢古罗马在困难面前对他们的帮助。

①在古希腊，当一个城市受到其他民族的入侵时，

❶对比修辞

说明了古罗马人的政治制度是深得居民拥护的，是成功的。

读书笔记

居住在此的外族居民并不会伸出援手，而是收拾行李逃跑。他们认为这里只是他们暂时的居住地，他们已经向这里的主人缴过税，因此没有必要牺牲自己的生命去援助希腊人。但是当古罗马城受到外族攻击时，居住在这里的所有拉丁人会共同抵抗外敌。他们之所以会这样，是因为他们已经把古罗马当成自己生活的“家园”。

公元前4世纪初，高卢人入侵意大利，他们打败了古罗马的军队，声称要占领古罗马。在等待古罗马人答应他们提出的求和要求时，古罗马人已经悄悄包围了他们，在供需不断减少的情况下，高卢人苦撑七个月后被迫撤走了军队。①正是古罗马人对外族人的平等对待，赢得了外族人对古罗马的拥护，不仅使古罗马能够在战争中取得胜利，也为后来古罗马帝国的建立和扩大奠定了坚实的基础。

❶解释说明

说明古罗马人取得胜利的法宝。

最初的交战

②古罗马人在国家建设方面的宏大构想，与迦太基人对国家的理想并不相同。古罗马人依靠“平等”的理念，团结一大批的外族人来保卫自己的国家。而迦太基人则要求属民和外族人对他们绝对忠诚和服从，当然这种服从并不能得到人民的真心。当迦太基人并不能调动人民的积极性时，他们就用花钱的方式雇佣军队来为他们作战。

❷对比修辞

战争尚未开始,答案却已明了。

因为上面的原因，所以迦太基人才会想着把尚未强大的古罗马用战争的方式扼杀在摇篮里。

但是对于在商场上圆滑的迦太基人来说，他们不希望自己的行为带来严重的后果。他们和古罗马人提出谈判，划定势力范围，并且互不侵犯。古罗马人表示同意，但是这场谈判并没有生效多长时间。在入侵西西里岛的问题上，古罗马人和迦太基人产生了矛盾。

读书笔记

古罗马和迦太基的第一次布匿战争，一共持续了二十四年。双方先派出海军作战，起初迦太基的海军重创了古罗马舰队，但是沿用撞击或是侧面攻击的旧战术，让迦太基后来的胜算越来越小。古罗马人制造出带有吊桥的战船，使古罗马士兵能够借助吊桥来到对方的船上，杀死迦太基船上的弓箭手。在米拉战役中，古罗马打败了迦太基的舰队，夺取了西西里岛。

二十三年后，迦太基和古罗马再次发动战争。起因是古罗马占据了撒丁岛，而迦太基占领了西班牙南部。两个国家的殖民地相邻，这是古罗马不愿意看到的。

读书笔记

希腊成了第二次布匿战争爆发的源头。迦太基人占领了萨贡特后，这个地方向古罗马人求救。就在古罗马的元老院准备作战时，迦太基人占领了萨贡特。这个结果让古罗马感到了愤怒，他们正式向对方宣战。古罗马兵分两路进攻迦太基，对他们来说这是一个完善的计划，但是过程并不像古罗马人盼望的那样顺利。

英勇的汉尼拔

读书笔记

公元前 218 年，古罗马军队出发进攻迦太基在西班牙的军队。古罗马人盼望这场战争胜利，但是等来的却是一个坏消息。有传言说，有几十万的棕色人赶着一群怪兽来到了比利牛斯山。后来从一群逃难者的口中，古

❶正面叙述

汉尼拔打败了古罗马军队，表现了他骁勇善战的一面。

罗马人得到了更详尽的消息。① 原来是哈米尔卡的儿子汉尼拔率领上万的军队和三十多头战象参加到对古罗马人的作战中，并且打败了古罗马军队。后来，汉尼拔又翻过了阿尔卑斯山，并与高卢人联盟，再次击败了古罗马军团。之后，汉尼拔向古罗马重镇普拉森西亚进军，企图控制那里。

当消息传回到古罗马城后，元老院很震惊，他们并没有将消息宣扬，而是再次派军队去阻挡汉尼拔。在特拉西美诺湖战役中，汉尼拔率领的军队又一次重创了古罗马军队。

战役的接连失败，使古罗马人心不稳。罗马元老院仍然派出第三支军队，由费边·马克西墨斯统领，迎战汉尼拔。

读书笔记

费边对于两军的实力了解得很清楚，他的手下都是没有实战经验的新兵，根本不能对抗汉尼拔的军队。如果不想让古罗马组织起来的这最后一支军队覆没，他必须小心翼翼应对。面对强大的敌人，费边并没有正面交锋，而是采用了断其后路的方式，并用袭击的方式各个击破汉尼拔军队，从士气上不断打击对方。

❷对比修辞

费边的小规模作战不断取得胜利，瓦罗指挥的军队却在康奈惨败。

② 费边的精心计划并没有让古罗马人放心，他们极需要一场大的胜利来振奋人心，但是费边的小规模作战显然让他们失望了。这个时期，经常四处演讲的瓦罗得到了人民的拥护，人们用他代替费边来指挥军队。可是，瓦罗并没有实现人们的愿望，在公元前 216 年的康奈战役中，古罗马军队惨败。

汉尼拔率领军队不断占领亚平宁半岛的领土，他宣称自己是在把人们从古罗马人的统治下解放出来，号召人们与他们一起推翻古罗马统治。但是长期生活在罗马精神下的人们，并没有相信汉尼拔，而是不断抵抗他的统治。由于远征带来的不良后果，汉尼拔及其军队的处境很不好，他求助于迦太基，但是并没有得到回应。

此时的汉尼拔认识到，自己已经被征服的国家包围。他的兄弟哈士多路巴曾经在西班牙打败了古罗马军队，很快就能来增援。他在信中表示，希望汉尼拔前去接应。但是信件被古罗马人没收了，[1] 汉尼拔等来的是自己兄弟的头颅，这说明不可能再有增援了。

❶解释说明

汉尼拔的兄弟已经战死，汉尼拔等待救援的最后希望已经落空，建立庞大帝国的理想也开始破灭。

打败哈士多路巴后，小西皮奥带领军队占领了西班牙。四年后，古罗马重组军队。汉尼拔在迦太基虽然进行了抵御，但是仍然在扎马战争中失败了。汉尼拔后来又逃到了几个地方，煽动这些地方的政权一起对付古罗马，但是效果并不明显。

汉尼拔在四处流亡中，终于意识到自己建立庞大帝国的理想已经不可能再实现。迦太基已经臣服于古罗马，也失去了组建海军的权利，他们还要向古罗马缴纳大量的战争赔款，迦太基逐渐走向了衰落。公元前 183 年，汉尼拔在绝望中自杀。

公元前 150 年，古罗马人再次攻打迦太基。虽然那里的人们进行了顽强的抵抗，但是最终还是投降了。余下的人被古罗马人当作奴隶出卖，整个城市也被他们烧毁，曾经繁盛一时的迦太基不存在了。

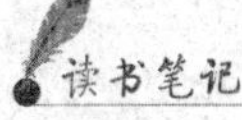

迦太基的覆灭，使地中海在一千年的时间内都成了

古罗马的内海。之后亚欧各国为了争夺对地中海的控制权，不断争战。

精华赏析

迦太基人很精明，又很勇敢，商业版图急剧扩张。当看到古罗马也在扩张的时候，迦太基人决定先下手为强。因为古罗马人践行平等的理念，赢得了外族的一致支持，所以，在几次布匿战争中，古罗马人虽然有过失利，但是最终还是消灭了迦太基，浩瀚的地中海也成了古罗马的内海。

延伸思考

1. 古罗马人与迦太基人的战争叫什么名字？

2. 在战斗中失败的古罗马将军是谁？

3. 汉尼拔最终有没有建立庞大的帝国？

相关链接

文中提到的汉尼拔，是迦太基著名的军事家，其父为哈米尔卡·巴卡。汉尼拔自小刻苦训练，在战斗中表现出杰出的军事指挥才能，被人们称为“战略之父”。汉尼拔曾经在父亲面前发誓要终生与古罗马为敌。后来，他率领军队与古罗马交战失败，被迫于公元前 183 年服毒自尽。

第二十二章　古罗马帝国的诞生

名师导读

古罗马于公元前150年消灭了迦太基，地中海也成了古罗马的内海。那么古罗马帝国是如何建立的？建立之后它又是如何发展繁荣的？让我们通过阅读来了解吧！

古罗马帝国的出现是历史逐渐发展的结果，并不是哪位重要人物一手推动的。

在古罗马的历史上，确实出现过许多的英雄人物，但是古罗马帝国并不是这里面的某一个人一手缔造的。①古罗马的普通人并没有太大的野心，但是地理环境的狭小让他们不得不对外侵略扩张。古罗马人并不愿意攻击，但是如果遇到了危险，他们就会反攻，保卫自身安全。如果古罗马受到了外敌入侵，人们绝对会抛弃自己的一切去保卫自己的国家。如果战争胜利，他们会代替国家来守护新占领的土地，以免它落入其他部落手中。

❶转折　写出了古罗马人对外扩张的原因。

公元前203年，西皮奥将军率领军队来到非洲。迦太基汉尼拔的雇佣军士气低落，没有什么战斗力，结果迦太基战败。汉尼拔逃到亚洲的叙利亚和马其顿，希望对方支援自己。

这两个地方的统治者想联合起来征服古埃及，古埃及国王向古罗马寻求援助。①古罗马军队没有花费太大力气就在辛诺塞法利平原击败了马其顿。

之后，古罗马军队又向阿提卡进军，准备帮助希腊人摆脱马其顿的控制。但是希腊的城邦又因为分歧不断地争吵，让古罗马人失去了耐性。他们派军队占领了希腊，并派人管理雅典，这样马其顿和希腊就变成了古罗马的管辖地。

当时统治叙利亚的是国王安蒂阿卡斯三世，在他听汉尼拔说征服古罗马很容易的时候，他的野心被挑了起来。

②此时小西皮奥被古罗马派到了小亚细亚，公元前190年，他率领古罗马军队打败了叙利亚。叙利亚的国王被人们处死，叙利亚所在的小亚细亚就成了古罗马的属地。

此时，罗马共和国已经成为地中海上统治面积最大的国家了。

❶对比修辞

和汉尼拔率领雇佣军千辛万苦作战结果却一败涂地相比，古罗马军队赢得很轻松。根本原因在于古罗马懂得尊重外族，平等对待外族，得到了外族强有力的支持。

❷正面叙述

叙利亚被打败，国王也被处死。这一切归根结底是因为叙利亚国王听信了汉尼拔不切实际的报告。

古罗马崛起的时候，也正是迦太基商业拓展的时候。双方进行了七次战争，古罗马终于打败了迦太基。后来，古罗马又打败了叙利亚，占领了小亚细亚。罗马共和国成了一个地跨欧、亚、非三洲的庞大国家。

延伸思考

1.古罗马和迦太基一共进行过几次主要的大规模的战争？

2.战争以哪一方战败而告终？

文中提到的小亚细亚，是一片宽广的中部高原，而高原下是开阔的海滨平原，由此构成了人们津津乐道的“缝制在华服上的不同材质的流苏”。

第二十三章　古罗马帝国的发展

名师导读

古罗马建国之后，是怎样一步步发展起来的？就让我们一起来了解了解吧！

奴隶、农民及富人

古罗马军队在外取得一系列的胜利，得到了人们的热烈欢迎。但这荣耀的背后，是人们入不敷出的生活以及荒芜的土地。那些立下军功的将领不断利用手中的权力来谋取利益。

❶正面描写……取得了胜利的古罗马被立下军功的将领和富人把持了，人民的生活却没有得到改善。

[1]罗马共和国是一个崇尚简朴的国家，许多人熟悉的有名人物都过着简朴的生活。但是不断的胜利让更多人开始追求奢华的生活。古罗马变成了一个被富人阶层统治和利用的国家，它的结局最终很悲惨。

古罗马经过不断的征战，已经控制了地中海沿岸地带。他们对待战俘极其残忍，迦太基、希腊、叙利亚等地方被古罗马征服后，妇女和儿童都被当作奴隶出卖。

那个时候，奴隶就只是劳动工具，古罗马的富人们购买大量的土地和奴隶来彰显自己的财富。土地靠征服其他国家，奴隶可以购买。在五百多年的时间里，奴隶的数量一直能够满足富人们的需求。[1]各大庄园的主人把奴隶当成牛马使用，他们的生死并不重要，因为还有更多的奴隶被添补进来。

> ❶解释说明
> 奴隶被认为是会说话的工具，和牛马一样。反映了奴隶的悲惨命运。

古罗马的农民很忠于这个国家，他们为国家而出战。但是经过了漫长的外出战争，等他们回到自己的家乡，却发现自己的家园已经破败。他们重新拿起工具进行劳动，期望有个好收成。等他们把自己的劳动成果运到市场时，才发现那些大庄园由于使用廉价的奴隶劳动，产品的价格比他们的要低。农民不得不降价出售自己的产品，但是这样并不能维持他们的生活。在对国家失望后，他们只好到城市去谋生路。他们生活在条件极其恶劣的地方，一旦得上瘟疫只能死去。他们心里非常地不满，因为国家给农民的回报并不是他们所盼望的。当一些演讲家发表蛊惑性的言论时，他们心中的仇恨就被煽动起来，这对国家来说相当不利。

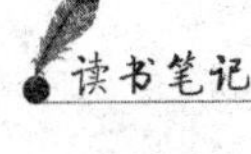

但是统治者并没有将这种危险放在心上，认为只要有军队和警察就可以把人们的起义镇压下去。

各种各样的改革家

统治古罗马的几个大贵族，他们的精神里依然有简朴和奉献的精神和品德。西皮奥将军的女儿嫁给了一位古罗马贵族，生下了提比略和盖约斯两个儿子。他们后来都成为政坛的精英，也对古罗马进行了改革。大儿子提比略成为保民官后，将古代的两条法律都恢复实行，即规定每个人拥有的土地面积是一定的。[1]通过这个措施，对拥有小块土地的人进行保护。但是占有土地多的人对这个措施并不领情，他们制造事端杀死了这位保民官。后来提比略的弟弟也对一些政策进行了改革，制定了一部《贫民法》，内容是帮助贫民维持生活，但是最终并没有达到目的。

❶转折：提比略采取的措施是通过法律来保护那些拥有小块土地的人，但是他却遭到了大土地占有者的杀害。

盖约斯还为贫民开辟了一块居留地，但是并没有他想象中的贫民住进去。由于政敌的不满，盖约斯最终也被暗杀。盖约斯和他的哥哥都属于改革中的绅士一派，后面的改革者苏拉和马略却出身军人。[2]苏拉维护的是庄园主的利益，马略为失去财产的自由民而发声。

❷对比修辞：说明两个改革者维护的对象是不同的。

公元前1世纪左右，传说黑海沿岸由米特拉达特斯国王控制的一个国家，正在加强自己的军事实力，企图建立第二个亚历山大帝国。为了消除障碍，这个国家把在小亚细亚上居住的古罗马公民都杀光了。这个行为激怒了古罗马，元老院派军队去讨伐。在选拔军队统帅的问题上，元老院和民众的人选不统一。

苏拉最后取得了指挥军队作战的权力，而马略在这次政治斗争失败后逃到了非洲。等苏拉率军来到亚洲攻打米特拉达特斯时，马略返回意大利，发动了政变，当上了执政官，却又猝死。

争夺权力的斗争，使古罗马政局出现混乱局面。苏拉在战争结束回到古罗马后，就进行了政治报复，凡是倾向民主改革的他都要杀掉。恺撒在此次劫难中幸免于难，日后成了古罗马的执政官。苏拉在扫除了政敌后成为古罗马的独裁官，古罗马所有的一切都归属于他，直到他去世。

读书笔记

三人同盟

在苏拉死后，庞培率领古罗马军队继续讨伐米特拉达特斯国王所在的国家。在被敌人包围到山区后，米特拉达特斯深感取胜无望，服毒自杀。

庞培在打败了米特拉达特斯统治的国家后，又占领了叙利亚，之后继续征战，占领了西亚，他的目的是想建立一个古罗马人统治的国家。公元前62年，庞培凯旋，除了带回不少的俘虏，还带回千万的财富奉献给国家。

这个时候的古罗马正需要一个好的领导人，因为国家差点就被一个毫无能力的年轻人卡梯林掌握。[1]他企图通过政权来夺取财富，但是不幸被一位律师觉察后告发。这个时候的古罗马，政局不稳，随时都有可能由不

❶转折

卡梯林管理国家毫无能力，所幸，被一位有正义感的律师告发，古罗马因此避免了一场灾难。

怀好意的人统治。庞培借助自己的影响力，组建了一个由他领导的三人同盟掌握政权。① 其他两个人分别是恺撒和克拉苏。克拉苏靠财富上位，但是后来在率领军队远征时战死。

❶解释说明

三人同盟，庞培实力最强。克拉苏靠的是财富，恺撒虽然能力很强，但是没有显赫的战功。

三人同盟中恺撒的能力最强，他也清楚想要树立威信，就必须有赫赫战功才行。于是他率领古罗马的军队开始四处征战，占领了法国，侵占过英国以及其他的许多地方。

恺撒之死

读书笔记

恺撒四处征战的时候，古罗马国内的政局发生了变化。庞培成了独裁官，这对于恺撒来说十分不利。恺撒是一个有政治野心的人，他绝对不愿意看到这样的局面。他听到消息以后，决定回到古罗马，去夺取属于自己的权力。当他攻入古罗马后，庞培出逃。庞培逃到古埃及后，被古埃及国王托勒密秘密杀死。恺撒率军队来到古埃及后，遭到了古埃及人和忠于庞培的古罗马军队的联合攻击。

读书笔记

恺撒打败了古埃及海军，在火烧古埃及舰队时，不小心毁掉了亚历山大图书馆，这是人类文明的一次惨重损失。

之后恺撒打败了古埃及的陆军，建立了由克娄巴特拉控制的古埃及政权。此时曾经被古罗马打败的米特拉达特斯的儿子准备为父报仇，对古罗马发动了战争。恺撒率军打败了这支军队，再次征服了这个地方。

恺撒回到古埃及后，与他们的女王克娄巴特拉有了感情。公元前46年，恺撒带领女王一起回到古罗马，掌握了政权。他一生战功卓著，是古罗马人民心目中真正的英雄人物。

读书笔记

恺撒被元老院任命为古罗马的独裁官。但从最后的结果来看，这是一个让他失去性命的决定。

恺撒掌握政权后，进行了改革。措施有：自由民可以取得元老院成员的资格；赋予边疆地区的人们公民权；允许外族人参与古罗马的政治事务；改革某些边远地区和行省地区行政方面的制度。[1]他的改革更多地有利于古罗马普通民众，引起了贵族的不满，最后贵族联手在元老院将恺撒杀死。

❶解释说明 写出了恺撒之死的缘由。

渥大维

恺撒去世后，能够将他的精神继续发扬下去的，只有他的秘书安东尼和外甥渥大维。渥大维留在古罗马主持大局，安东尼率领古罗马军队来到了古埃及。安东尼和恺撒一样，都对"艳后"克娄巴特拉情有独钟，从此疏离了政事。渥大维和安东尼为了争夺对古罗马的控制权发起了战争，最后以安东尼的自杀而告终。克娄巴特拉还想继续诱惑渥大维，但是没有成功。她死后，古埃及变成了古罗马的一个行省。

读书笔记

作为恺撒的继承者，渥大维从舅舅身上吸取了教训。

读书笔记

面对元老院，他尽量放低自己的姿态，还表示自己只想得到一个“光荣者”的头衔就够了。后来他被元老院授予了“奥古斯都”的称号，几年后人民更愿意称他为“恺撒”或“皇帝”，士兵们喊他“元首”，完全把他看成了这个国家唯一的领导人。这也表明罗马共和国时代已经结束，进入了帝国时代。

渥大维的地位一直都很巩固，他为后代开创了一个空前强大的古罗马帝国。

对于古罗马政局的变迁，[1]人们并不关心谁成为统治者，只要这个人能够让他们安定地生活就可以。渥大维统治期间正好满足了人们的这种愿望，在位四十年没有发动什么战争。公元9年，他派军队意图征服西北的条顿人，结果惨败，之后古罗马就没有再出兵征服过这些部落。

①解释说明

古罗马人的心态十分平和，只要统治者能让他们生活安定就行。渥大维正好顺应了这个时代的潮流，古罗马变得更加强大了。

统治者关注的主要是国内事务的管理，尤其是内部的稳定。但是连年的对内对外战争已经让这个国家损失了大量的物力和人力。大批使用奴隶使自由民根本没有能力与大庄园主对抗。战争让城市出现了大量破产的农民，也使官僚阶层越来越庞大。整个国家吏治腐败，人们的精神因战争变得更加麻木。

读书笔记

公元1世纪的古罗马帝国看起来是一个地跨欧、亚、非三洲的大帝国，非常强盛。但是辉煌是人们用汗水和生命换来的，生活在最底层的人们过着艰难的生活，在没有光明的未来中绝望地走到人生尽头。

在古罗马发展的过程中，苏拉掌握了国家的控制权，直到去世。庞培、恺撒和克拉苏组成了三人同盟，最后，恺撒成了执政官。恺撒希望保护平民，被贵族杀死。渥大维从舅舅的死亡中吸取教训，采取了顺应时代潮流的措施，使得古罗马日益繁荣，成为庞大的古罗马帝国。

1. 恺撒为什么会被贵族杀死？

2. “埃及艳后”叫什么名字？

3. 三人同盟包括哪三个人？

相关链接

渥大维，古罗马帝国的创立者，他改组了古罗马政府，结束了古罗马的内战，使得古罗马帝国保持了近两百年的和平繁荣。

第二十四章　帝国的余晖

名师导读

古罗马帝国强盛了四百多年，也由盛而衰，其原因是什么呢？让我们一起来了解古罗马帝国后期的这段历史吧！

古罗马帝国的没落

476年，随着最后一位皇帝被赶下台，古罗马帝国灭亡。

一个国家的消亡绝对不是一天两天的事，也要有一个过程。[①]社会动荡不安，生活艰难，物价上涨，人们挣钱困难，商人们囤积居奇，统治者手段残暴等，都成了古罗马帝国灭亡的原因。虽然在四百多年的时间内，古罗马很强大，看起来很繁荣，但是已经处处是危机。

❶解释说明　写出了强大的古罗马帝国灭亡的原因。

即使在古罗马帝国最后的时期，首都与各个省份之间的联系依然密切。警察在努力维持治安，边境也很太平。很多国家都在向古罗马进贡，还有一些人正在不断推出措施，以便让帝国更加辉煌。

但是，古罗马帝国的根基已经腐朽了，再怎么改革也不能挽救它的命运。

古罗马虽然面积大，但是也可以看作一个城邦，也有能力管理亚平宁半岛。只是从政治方面来说，古罗马并不是一个良好的国度。① 不断发动战争，兵役和赋税沉重，许多自由民变成了“农奴”，成为土地的附属品，没有什么人身自由。

❶解释说明

说明古罗马不是一个良好的国度。古罗马统治者不爱人民，那人民就只有抛弃他。

生活在古罗马帝国里，国家的荣誉高于一切，人们并没有得到实惠。生活在最底层的奴隶，在听到了保罗的言论后，都认为有那么一个国度是属于自己的。他们变得很温顺，但是又对现实感到了绝望。他们不想再为古罗马帝国服务，他们已经认识到，做得再多，也只是皇帝拿来发动侵略战争的资本。

几百年过去了，古罗马帝国的情况越来越糟糕。最初的几位古罗马皇帝对属地的管理依靠的是当地部族的首领，但是后来的古罗马皇帝都是军人，他们的统治更为苛刻。皇帝的性命是由保镖维护的，而且皇权的转换很频繁，很多人都靠篡位上台，然后又被发动新一轮政变的人杀害。

② 古罗马帝国后期，边境地区也不太平。他们花钱雇用外国士兵抵御侵略，但是效果并不明显。后来古罗马皇帝允许野蛮部族进入古罗马境内生活，结果引发了

❷正面叙述

事实证明，雇佣外国士兵进入古罗马，是愚蠢的表现。

更大的纷争。矛盾激化后，这些野蛮部族就组织军队向古罗马城进攻。

东罗马帝国的兴衰

野蛮部族对古罗马帝国的不断进攻，让古罗马城变得不再平静，最后一位皇帝康士坦丁把首都迁到了拜占庭即君士坦丁堡。他去世后，古罗马帝国由他的两个儿子分裂成为东西两罗马，首都分别为君士坦丁堡和罗马。

公元 4 世纪，匈奴人来到了欧洲，他们很残暴，直到 451 年他们才被彻底打败。匈奴来到多瑙河后，当地的哥特人为了谋求生路，只得再寻找居住地，他们进入了古罗马境内。古罗马皇帝瓦伦斯率军抵抗，在亚特里亚堡战死。二十多年后，他们又进攻古罗马，不过没有破坏古罗马城。[①]随后而来的汪达尔人却没有那么好心，他们打劫了古罗马城。更多野蛮民族的到来，使古罗马城经常遭到洗劫，给罗马文化造成了极大的破坏。

402 年，西罗马皇帝来到了拉维纳，但是仍然没有逃过日耳曼军队的追赶。475 年，日耳曼雇佣军首领鄂多萨把西罗马最后一位皇帝赶下了台，西罗马帝国也就不存在了。之后鄂多萨一直统治着西罗马帝国，后来，东哥特国王西奥多里克将鄂多萨杀死，建立了哥特王国。公元 6 世纪，这个政权被摧毁，一些部族在帕维亚建立

读书笔记

①解释说明

古罗马，经历了古罗马共和国和古罗马帝国两个时期，经济发达，文化繁荣。但是如今却遭到了极大的破坏。

了新国家。

经历了连年战争，古罗马城已经成为一片废墟。人们的生存权被践踏，生活发生了巨大变化。原来的繁华都成了过眼烟云，意大利半岛变得沉静。古老的文明在这里沦陷，欧洲大陆处于巨大的变化中。

首都位于君士坦丁堡的东罗马帝国一直存在，继续兴盛了一千多年。但是欧洲并没有真正把它作为自己的一部分，因为他们的文化更偏重于东方。古罗马人曾经创造的拉丁语变成了意大利语。东罗马皇帝不仅仅是世俗的统治者，也是人们心目中的神。他们还想把自己信仰的宗教传到更多的地方，比如俄罗斯。

古罗马帝国后期，人民生活困难，兵役赋税层出不穷，边境问题不断。于是古罗马统治者引进外国雇佣兵进行镇压，结果引狼入室。这些外国雇佣兵竟然向古罗马城进攻。紧跟着汪达尔人和其他蛮族加入进来，对古罗马城进行抢劫。罗马文化遭到巨大破坏，古罗马帝国分裂为东罗马帝国和西罗马帝国。西罗马帝国很快灭亡，东罗马帝国又存在了一千多年。

1. 古罗马帝国为什么会灭亡?

2. 古罗马帝国分裂为东罗马帝国和西罗马帝国，它们的首都分别在哪里?

3. 东罗马帝国存在了多少年?

相关链接

文中提到的君士坦丁堡，指的是330年，古罗马皇帝君士坦丁一世在拜占庭建立的新都，命名为新罗马，但该城普遍被以建立者之名称作君士坦丁堡。12世纪时，君士坦丁堡是全欧洲规模最大且最为繁华的城市。1453年，君士坦丁堡被奥斯曼帝国攻陷，此后成为奥斯曼帝国的新首都，再次繁荣起来。

第二十五章　中世纪的城市生活

名师导读

在中世纪一千多年的历史当中，欧洲实行政教合一。教会不但腐败，而且极端蔑视人性，欧洲基本处于停滞状态，经济、文化乏善可陈。历史学家称为“黑暗的中世纪”。那么，中世纪的欧洲，人们的城市生活是怎样的？我们就带着这个问题一起来阅读吧！

上帝的安排

中世纪初期，是一个开荒寻找居所的时代。原本生活在古罗马东北部荒野地带的日耳曼民族，强行跨越中亚群山这道天然屏障，闯入西欧肥沃的平原，将其占为己有。① 他们喜欢游荡的生活，砍伐森林，开拓荒地，放牧兽群。他们中很少有人喜欢在城市居住，他们喜欢不断地迁徙，喜欢赶着羊群在强风中翻越草坡的无忧无虑的生活方式。

❶解释说明

写出了日耳曼民族喜欢的生活方式。

在大迁徙中幸存下来的只有那些坚强的战士和跟随

读书笔记

着男人勇敢闯入荒野的女人们，他们逐渐发展成为一个坚强的种族。他们整日奔波忙碌，精明强悍，做实事，不说大话，不浪漫，也不喜欢一起讨论问题。当时村子里唯一“有文化的人”（13世纪中期以前，会读写的男人一般被人称为“女人气的男子”）就是教士，人们相信他，依赖他解决所有没有实用价值的问题。同时，那些日耳曼的酋长、法兰克的男爵或是诺曼底的大公等贵族阶层，在帝国昔日辉煌的废墟中重新建立起属于自己的新国家。

教士们兢兢业业地工作，妥善处理事情，对邻居义正词严而又不会损害自己的权利；他们虔诚地遵守着教会的纪律，与距离遥远但是危险的国王或是皇帝保持密切的联系。[①]他们的处境也并不理想，大部分人沦落为农奴或者“长期雇工”。身为教会忠诚的儿女，他们是不应该对上帝的这种安排表示不满的。因此，农奴从来不会抱怨，即使他们像牲畜一样被驱使而死去。随后，主人们也会稍微改善奴隶的生活质量，仅此而已。

①解释说明

写出了这些教士的生活并不理想。

进步的意义

我们的先祖学会直立行走花费了将近一百万年的时间，能够用语言表达和沟通又耗费了很多个世纪。文字书写的发明只不过是在短短的四千年以前，但没有它人类是不可能有任何进步的。而征服自然为人类服务的奇思妙想，才刚刚出现。我们人类在以光的速度进步着。

读书笔记

在许多人眼里，他们会把中世纪留下的那些壮丽的教堂和伟大的艺术作品与我们现在的喧嚣和汽车尾气这样的文明相比较，然而，他们仅仅看到了一个方面。他们忽视了，在宏伟壮观的教堂旁边，曾布满了无数悲惨破旧的贫民窟，即使是现代最简陋的公寓在那时也可以称得上是豪华奢侈的宫殿了。在那个没有难闻的汽油味道的中世纪，同样夹杂着许多其他臭味，比如牲畜圈里的味道，大街上的垃圾腐烂的味道，以及那些穿戴祖父遗留下来的衣服和帽子、一辈子没用过肥皂、几乎不洗澡的人们散发出来的味道。当你从阅读中看到法国国王在华丽的皇宫凭窗远眺，却被巴黎街边的猪群散发出的冲天臭气熏得昏倒时，当你看到某些简单描述天花和鼠疫横行的悲惨生活情况的古代手稿时，你才会真正地理解“进步”一词的深刻含义。

读书笔记

商业复兴

过去六百年来的进步与城市的存在和发展密切相关。因此，我将用更长的篇幅来谈论这个问题。

①古代的埃及、巴比伦、亚述，无一不是以城市为中心的。古希腊是一个由许多小城邦组成的国家，西顿和提尔两座城市的历史即可代表腓尼基的历史，广阔无边的行省也只不过是古罗马城的腹地。书写、艺术、科学、建筑学、天文学、文学……这些都是城市的产物。

❶解释说明

说明过去六百年的进步都与城市的存在、发展有关。

城市中的人们，日夜劳碌，生产商品，催化着文学和艺术，推动文明的进步，走过了漫长的四千年的岁月。然而日耳曼人的大迁移，使城市惨遭焚毁，他们的愚昧无知使欧洲文明进入了停滞期。

后来十字军东征，[1]欧洲文明迎来了重新播种的土壤，果实却被自由民抢先一步摘走了。

❶比喻修辞

曾经，日耳曼人的大迁徙，使得欧洲文明进入停滞期。而十字军东征，让欧洲文明迎来了新的机会。

在城堡与修道院的故事中，骑士负责人们的安全，僧侣精心守护着人们的灵魂。后来，屠夫、面包师傅、制蜡烛工人等手工匠人来到城堡附近住下，既能满足领主随叫随到的需要，也方便在危险发生时能快速逃到城堡中避难。工匠们的生计完全取决于城堡主人的善心。

十字军东征运动，使世界格局悄悄地变化着。它引导人们从荒凉原始的欧洲西部，前往有着高度文明的地中海东南一带接受新文明的洗礼。从此，他们知道世界并不仅仅如他们所知，还有更广阔的天地。华丽的服饰、舒适宜人的房屋、全新口味的美食、产于神秘东方的各种各样的新奇事物慢慢进入欧洲人们的视野，他们开始欣赏、接受。当他们重返故乡时，他们仍然希望享受这些稀有的商品。于是，那些背着货物走街串巷的小贩们开始做起了畅销的新品种的生意。随着需求量的扩大，商贩们的生意也越做越大，他们开始购买货车，又雇用几个以前的十字军战士做保镖，采用更现代的方式，做起更大规模的生意来了。可是，他们每进入一个领主的圣地时，都必须得按规定缴纳过路费和商品税。

读书笔记

过了一段时间，一些精明的商人逐渐意识到那些从远方运进来的商品在当地也可以生产。于是，他们开起了生产作坊，从行商摇身变成了产品制造商。①他们生产的商品不仅卖给居住在城堡里的领主和修道院院长，还能满足附近城镇居民的需求。领主和院长与商人之间用以物换物的方式交易，这种方式却不被居住在遥远的市镇的居民采纳，他们要求用现金支付。这样，制造商和行商手里慢慢地积攒起一些金块，他们在中世纪时期社会上的地位也得以改变。

①叙述

写出了这些精明的商人生产出来的商品销售的对象。

②在现代城市，没有钱会寸步难行，很难想象一个没有钱币的世界将会是什么样子。可在中世纪初期，很多人一辈子都没见过钱币。古希腊和古罗马的全部金银都深埋在城市的废墟之下。大迁移世界是一个绝对的农业社会，那时，每个农民都过着完全自给自足的生活，完全不必依赖他人。

②对比修辞

说明封建制度阻碍了社会的进步。

中世纪的骑士也是拥有田产的乡绅，他们的庄园里能够生产出供自己和家人吃、喝、穿的所有物品。偶尔需要少量的外来物品，也是拿庄园生产的物品换来的。

公爵、市民和钱

读书笔记

十字军的东征，打破了那个古老的农业社会盛行的陈规旧矩。不妨想象一下，希尔德海姆公爵在家里可以用自己庄园里的产品与别人交换，可要想前往圣地，一路上跋山涉水，走好几千英里的路程，要付交通费、伙食费，总不能背着一百打鸡蛋和整车火腿来支付费用吧。

更何况这些绅士坚持收取现金，公爵只有随身携带些金子才能踏上旅程。他们用庄园做抵押，从老隆哥巴德人的后代伦巴德人那里借来金币，如果公爵在征讨土耳其的过程中发生意外，庄园便成伦巴德人的。最终的结果也确实是这样，总是伦巴德人占有了公爵的庄园，而骑士也只能受雇于其他更细心、更加有权势的邻居，为他们作战。

读书笔记

当然，公爵也可以以 50% ~60%的利息从犹太人居住区借到高额的旅费，可同样也非常不划算。还有没有其他方法呢？公爵日思夜想，终于想到可以向城堡附近小镇里的居民借。于是，他让文书[1]（一位会看书写字、为公爵记账的教士）写了一张欠条，从当地最有名的商人那儿借到了一笔小额贷款。公爵的要求他们不好意思拒绝，也无法收取高额的利息，即使用农产品来支付利息，他们也不需要这些东西。

❶解释说明

写出了中世纪的欧洲文书的职位和职责。

"可是，我们为什么不请公爵大人答应我们一件事作为交换呢？"一个裁缝开口说道。他一直在专心聆听，说出话来像一个哲学家。"我们都喜欢钓鱼，可是公爵不允许我们在属于他的小河里钓鱼。如果让他签署一份特许状，允许我们任意在河里钓鱼，作为我们借给他一百元钱的回报，你们看怎么样？他得到了他急需的金币，我们得到了钓鱼的权利，大家都有利，不是很好吗？"

读书笔记

公爵让文书起草了一份特许状，他在上面盖上自己的印章，接受了这桩交易。但他并没有意识到这是签署了权力死亡证书。两年以后他东征回来，已是一贫如洗。当他看到小镇的居民们正在城堡的河流里钓鱼时，他大发雷霆，让管家把钓鱼的人全部赶走。当天晚上，城堡里来了一个商人代表团。他们彬彬有礼地祝贺公爵大人平安回归，对大人为钓鱼者生气的事深表遗憾。然而大人应该不会忘记，是大人亲自允许他们可以到河里钓鱼的。

读书笔记

裁缝展开那份盖有大人姓名印章的特许状，这一下子激怒了公爵大人。然而，他突然想起现在急需一笔钱来偿还意大利银行家瓦斯特洛·德·梅迪奇，同样盖了印章的几张文书就握在他的手里，两个月内要偿还三百四十磅佛兰芒金币。公爵大人不得不极力压住心中的怒火，并向商人们提出再借一小笔钱的要求，商人们答应回去商量后给他结果。

①三天后，他们又来到城堡，同意了公爵的要求。只是作为三百四十磅金币的回报，不知道公爵是否可以再签署一张特许状，允许商人和自由市民选举出一个议会，并由议会负责处理城镇的内部事务。

❶正面叙述

公爵因为东征，不断借钱，却又无力偿还，不得不拆东墙补西墙，一步步陷入裁缝等人的圈套。

公爵大人真是被激怒了，可他确实急需那笔钱，只好答应了。一星期后，公爵后悔了，扬言狡猾的市民趁他手头紧张的时候骗走了特许状，他召集全部士兵，气势汹汹地找珠宝商家要回那张特许状，一把火将它烧掉了。②市民们什么也没说，却把他列入了不守信用之列。当公爵为了筹备女儿的嫁妆急需用钱时，一分钱也借不到了。公爵大人不得不答应做出一些补

❷解释说明

写出了公爵借不到钱的原因。

读书笔记

偿。他签署了以前的那些特许状，还加了一张新的，允许他们建一座“市政厅”，外加一座坚固的塔楼来珍藏全部文件和特许状，才拿到了合同中规定数目的第一笔借款。

在十字军东征以后的几个世纪中的欧洲各地，普遍发生着这种情形。权力慢慢地由封建城堡向城市转变。不知不觉中，城镇越来越富，封建领主却越来越穷。封建领主经常用放宽公民自由的特许状来交换他们急需的钱财以维持自己的面子。就这样，不断壮大的城市成了逃跑的农奴的收留地，他们在这里居住若干年后可以获得新的身份和宝贵的自由。城市逐渐取代了城堡的中心地位，吸引着生活在附近乡村的精力旺盛、活泼勇敢的人们。他们在古老市场周围修建新的教堂和公共建筑，行使自己的权利。他们花钱雇用僧侣到城市来办学校当教师，希望自己的子女能够过上比自己更幸福的生活。

年事已高的公爵大人坐在自己潮湿阴暗的城堡里，看着眼前繁荣富贵的景象，后悔不已。①他怎么也没有想到当初一次小小的施舍，会让自己落到今天这种地步！镇民们彻底变成自由人了，他们要尽享他们的新权利了。

❶心理描写

表明封建城堡已经成了欧洲社会进步的绊脚石，任何人都阻挡不了历史发展的脚步。

精华赏析

中世纪的欧洲，精明的商人通过异地运输赚取钱财。后来，他们在当地直接生产，把商品出售给封建领主、修道院院长和附近城镇的居民。当时公爵的庄园自给自足，很少对外交换，人们过着没有钱币或者根本不需要使用钱币的生活。十字军东征失败后，公爵毁掉特许状，被市民列入不守信用名单。因要为女儿筹备嫁妆，没办法，公爵只好继续签订特许状来获取钱币。城市逐渐成为市民生活的中心，而城堡则逐渐没落了。

延伸思考

1. 中世纪初期，人们生活需要钱吗？

2. 封建庄园是一种什么样的经济形态？

3. 城堡和城市，哪一个更加繁荣？

相关链接

文中提到的庄园，指的是乡村的田园房舍，是面积非常大的田庄。庄园里有住所、园林和农田，建筑物也很多。根据庄园主级别，庄园名称也不尽相同。

第二十六章 中世纪的自治制度

名师导读

西欧中世纪的时候，生产力有了一定程度的提高，商品经济也得到了快速的发展。经济利益驱使封建领主支持城市复兴。就这样，封建社会母体孕育出了有别于庄园经济的新经济因素，同时相伴而生的还有新政治体制，新价值观和自由、平等、公平、公正的新文化精神，促使欧洲走出中世纪，迈向新的时代。下面，我们就一起来了解吧！

中产阶级的再度兴起

❶对比修辞 说明定居时代来临，贫富差距明显。

① 四处迁移的游牧时期，人人平等，每个人对整个群体的命运和安全都有同等的权利和义务。

但当他们定居下来时，便有了贫富差距，政府也常被富人控制。

当欧洲再次建立正常的政治体制和生活秩序时，西欧的日耳曼部族也出现了相似情形。整个西欧世界开始是由皇帝统治，日耳曼民族的古罗马帝国中七至八个最重要的国王会成为皇帝的候选人。皇帝理应享有至高无上的大权，但事实上，皇帝最缺的就是实权，西欧真正的统治者是国王。然而因为他们终日为了应付篡权夺位而劳碌着，大量的封建诸侯掌控了日常生活中管理的职责，属民是自由农民或农奴，没有中产阶级。

13 世纪时，中产阶级以商人的形象再次出现在历史舞台。这个阶级势力强大，封建城堡的影响力逐渐衰弱，国王不得不正视中产阶级的存在。

《大宪章》

在英格兰，约翰是查理一世的兄弟，他在查理一世不在任时，接管了国家的管理大权。约翰刚任摄政王，诺曼底和大片法国属地就丧失了。后来，他又卷入与教皇英诺森三世不休的争吵中。英诺森三世毫不留情地把约翰驱赶出教会。到了 1213 年，约翰被迫服输，他深表忏悔，想与教皇和解。这和两百年前的格利高里七世与德意志国王亨利四世的情形一模一样。

约翰没有因为屡遭惨败而感到惊慌，而是继续滥用王权。1215 年，无法忍受的大臣们把他禁闭起来，迫使他好好治理国家，不再侵犯大臣们一直享有的特权。

注释

禁闭：把犯错误的人关在屋子里让他反省，是一种处罚。

当时，约翰在泰晤士河上面的一个小岛上签署的承诺文件被人们称为《大宪章》。[①] 这份宪章有重要价值，虽然它只是用简单的话语重申了国王原有的职责，但它用严格谨慎的话语，限定了国王的大权，并且对大臣原本享有的各项权利进行了确立，对新兴的商人阶级给予某些保障。然而它对占人口大多数的农民的权利只字未提，除非这些利益恰好属于某个大臣的财产，才必须保护百姓免受皇室暴政的迫害。

❶解释说明

写出了《大宪章》的作用和局限性。

议会

约翰刚刚严肃承诺要悉心遵守《大宪章》，转身就违反各项条款。不过很快约翰就去世了，他的儿子亨利三世继位。[②] 迫于压力，亨利只得承认《大宪章》的效力。这时，他的叔叔东征已经花费了国家大部分的金钱，亨利不得不想办法借钱还债。身为皇家顾问的土地所有者和主教们对此也无能为力，亨利只能召集一些城市的代表出席他举行的大议会。最初这些新兴阶级的代表只能以财政专家的身份出席议会，只能提出关于税收方面的建议，不能涉足国家事务。慢慢地，他们的影响力越来越大，议会开始在很多事情方面征求他们的意见。最后，这个由贵族、主教和城市代表构成的重大议会演变成了固定的国会，所有重大的国家事务都由国会讨论决定。

❷解释说明

亨利三世为什么只得承认《大宪章》的效力？因为迫于压力。如果违反了《大宪章》，则意味着被赶下台。

[③] 这种靠国王和议会治理国家的政治体制，不是英

❸并列

这种靠国王和议会治理国家的政治体制，在欧洲各国普遍存在。

国的发明，也不是不列颠群岛的专利，欧洲各国普遍存在这种情形。如法国，1302 年，城市的代表开始出席法国的议会，但国会受皇权控制，历经五个世纪，国会才有能力维护中产阶级。法国大革命的变革，彻底取消了国王、神职人员及贵族的特权，普通人民的代表才变成真正统治者。12 世纪前半叶，西班牙就已经对所有平民实行开放政策。德意志帝国的一些重要城市获得了“帝国城市”的尊贵地位，城市代表有权在帝国议会中提出提议。

读书笔记

瑞典、丹麦的城市代表分别在 1359 年、1314 年开始出席议会。召开第一届全国性的议会时，人民的代表就已经出席在议会上。

① 斯堪的纳维亚半岛国家中关于代议制政府的事情更加有趣。如冰岛，由土地拥有者组成的大会掌握着全岛事务的大权，这种制度一直延续了一千年之久。在瑞士，议会在自由市民竭尽全力的维护下避免了被周边的封建领主掠夺。

❶对比修辞　写出了斯堪的纳维亚半岛的代议制的情况。

在一些低地国家，如荷兰，早在 13 世纪时，第三等级的代表就开始出席许多公国和州郡的议会。两个世纪里，城市议会的代表统治着国家，善良的自由民就是这片土地的主宰者。

中世纪的欧洲，以新兴商人为代表的中产阶级日益壮大，国王被迫开始重视它。《大宪章》限制了国王的权力，维护了大臣们的权利，保障了中产阶级的利益。在内部开会的时候，中产阶级形成了新的团体，以议会制限制国王的权力。这种民主制度并非像普遍认为的那样，起源于英国。

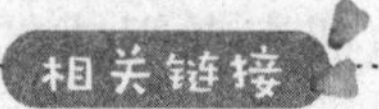

1.《大宪章》是哪个国家签署的？

2.《大宪章》限制了谁的权力？

相关链接

文中提到的瑞士，全称瑞士联邦，是中欧国家。瑞士共有26个州，境内以高原和山地为主，有“欧洲屋脊”之称。瑞士风景优美，有“世界公园”的美誉。瑞士的金融业、服务业非常发达，生产的钟表更是闻名世界。

第二十七章　中世纪的世界

名师导读

所谓中世纪，对于西欧而言，正是西罗马帝国灭亡到文艺复兴和大航海时代中间的约一千年时间。这个时期，欧洲封建割据严重。为了争夺土地、财富和人口，割据势力频繁发动战争，导致了欧洲发展停滞，人民生活困顿，希望渺茫。因此中世纪被普遍认为是“黑暗时代”。那么，欧洲以外的世界是什么样的呢？我们一起来了解吧！

愚蠢的野蛮人

日期，是人类历史上一项有着重要意义的发明，但历史并不是简单地以年代和日期来进行划分的。

在查理曼大帝的宫廷中，你会发现有人的生活习性、言谈举止以及生活态度很像一个纯正的罗马人，你也会发现生活在当时的某些人仍处在穴居阶段。所有的时间与年代都是重叠在一起的，一代人与一代人的思想相互衔接，没有办法划出明显的界限。

中世纪的人们没有把自己看成终身自由的公民，他们只是把自己看成总体的一分子。他们在这种神圣的秩序下生活，却从来不问为什么会这样。

在13世纪人们的眼睛里，天堂里充满了美好与幸福，地狱则是恐怖与苦难的代名词。不管是骑士还是自由民，都在用大部分的时间和精力为来世的美好生活做准备。

令现代人毛骨悚然的死神却是中世纪人们的忠实伙伴。① 如果现代人每天听到的都是恐怖的令人战栗的鬼故事，你也会像他们一样整日活在世界末日和最后审判的惊恐中。中世纪的儿童整日生活在一个充满无数妖魔鬼怪的世界，偶尔他们会对未来的恐惧充满谦卑感和虔诚心，而大多数情况下，恐惧会给他们带来更深的残害。

❶假设　现代人尚且如此，更何况中世纪的人们，其恐惧程度可想而知。

骑士以战争为使命，他们遵循与普通人不同的行为准则。可是在这些方面，他们是一样的。

当我们大肆评判这些良民时，要考虑到他们所处的恶劣环境。他们野蛮但外表却像文化人。被人们称为“罗马皇帝”的查理曼大帝和奥托皇帝也不过是生活在古罗马帝国那片雄伟古迹上的野蛮人，历史悠久的古老文明早已被他们的父辈和祖父辈无情地摧毁了，他们根本没有接受文明教化的机会。他们不识字，天文、动植物、几何学及其他学科的知识即使是最简单的，他们也一点儿都不清楚。那时的人们只能在《圣经》中寻求知识。

读书笔记

亚里士多德在中世纪的复出

到了12世纪，亚里士多德编纂的实用知识的大百科式全书被纳入了中世纪的文学宝库。①亚里士多德生活在公元前4世纪，是古希腊著名的哲学家。除《圣经》外，亚里士多德被中世纪的人们视为唯一值得信任的导师。

❶解释说明：在那个科技不发达，人们愚昧落后的“黑暗时代”，亚里士多德是人们唯一信任的人。

亚里士多德的所有著作首先从古希腊被传到古埃及的亚历山大城，后由穆斯林军队带到了西班牙。再后来，一群前来学习的基督教学生把阿拉伯文的亚里士多德的著作译成了拉丁文。最后，这一哲学名著译本经过跋山涉水成为欧洲北部的大部分学校的教材。中世纪的那些有智慧的人开始手捧着《圣经》和亚里士多德的大百科全书，为解释天地间的瞬息万变的事物而忙碌着。可问题是，他们的知识全部来自书本，他们并不进行实际的观测，也不会产生什么疑问。

偶尔也会有一个产生了疑问的人物，②如罗吉尔·培根，在讨论会上，他会拿着奇怪的放大镜、显微镜，带几条鲟鱼和毛虫到讲台上，用这些仪器观察令人作呕的生物，并邀请学者们观看，证明眼前的这些生物与《圣经》或是大百科全书里提到的生物明显不同。那些尊贵的学者们对此予以否定，认为他可能被某种东西迷惑了。此时的培根如果宣称，他一个小时精心的观察比对亚里士多德十年的苦研还有准备，不翻译成别的语言就是最佳的，学者们会产生极大的恐惧心理。他们火速找来警

❷正面叙述：培根揭示了《圣经》和大百科全书里也存在和事实不符的地方。

读书笔记

察，告诉警察这个人严重威胁国家安全！他让他们都去学习希腊文，还居然对鱼类和昆虫的内脏感兴趣！他或许会用他的巫术迷惑人们，扰乱世界的秩序！这些话吓住了捍卫和平的警察，他们马上禁止培根在未来的十年内写字。培根从悲惨的打击中汲取了教训，重新开始研究时使用了一种新的密码写书，当时的人们一个字都看不懂。

然而，那个时代的异端搜寻者其实并没有恶意，反而存在着一种善良的感情。因为他们深信，太多知识会令人不安，心灵会充满危险感，慢慢会走上灭亡的道路。对于中世纪的灵魂捍卫者来说，如果看到他的学生脱离了《圣经》和亚里士多德著作中的正统思想，想独立做一些研究，他会感到极其不安，就像一位慈祥的母亲亲眼看着自己的孩子走向滚热的火炉一样。一方面，他们对与信仰有关的事务的要求近乎残酷；另一方面，他们自己也在辛勤工作，并随时准备把援手伸向他人。

农奴的幸福生活

读书笔记

农奴的地位永远无法改变，他们的一生像牛马一样辛劳，但上天也赋予了这个低微的生命一个长存不朽的灵魂。他们也有像善良的基督徒那样生活和死去的权利。当农奴太老没有力量承担沉重的劳役时，他的封建领主会负责照顾他。因此，他从来不需要为以后担忧。他有遮风挡雨的屋顶，有粮食糊口，不会因饥寒而死。

① 中世纪的人们，不管哪个阶层，普遍存在着“稳定”和“安全”的感觉。城市里的行会，由商人和工匠组成，保证每个成员都有一份稳定的收入，尤其保护那些“得过且过”的“懒人”，使每个成员具有满足感和安全感。像现代人所说的囤积居奇，在中世纪人们就意识到这种恶行的危险性，政府会出面限制。

❶叙述

写出了中世纪人们的生活。

竞争是中世纪的人们所讨厌的。他们认为竞争会使世界充满明争暗斗，催生大量有野心的投机者。那么，竞争到底有没有必要呢？用一句话来说，中世纪的人们为了他们的肉体和灵魂能够享有足够的安全感，被迫放弃某些思想和行动上的自由。

除了极少数人，大多数人都不会反对这样的安排。他们坚信，自己来这里，只是为以后更幸福、更重要的来生做准备的。他们无视这个世界的痛苦与邪恶，对于现世的欢乐，他们也闭上眼睛不被诱惑。在他们看来，生命是一种罪恶，死亡才是辉煌时刻的开端。

② 古希腊人和古罗马人从来不担心以后的事，他们精心创造今生今世的幸福天堂，把生命变得精彩。但是只有没有沦为奴隶的自由人能够享受幸福生活。到了中世纪，人们的思想走向了另一个极端，眼前的世界成了地狱，人们开始在梦想的地方建立天堂。

❷叙述

说明了古希腊人、古罗马人活在当下的思想。

在中世纪，教会控制了人们的思想，人们害怕下恐怖的地狱。人们希望临死时有神父的祷告，使自己能升入天堂。培根对这一切表示怀疑，进行了科学实验，但是遭到了人们的非议和排挤。人们不喜欢竞争，希望人人都有工作做，按部就班地生活。

1.培根做了什么实验？

2.文中亚里士多德是如何影响中世纪的人们的呢？

文中提到的罗吉尔·培根（约1214—约1292），是英国具有唯物主义倾向的哲学家和自然科学家，著名的唯名论者，实验科学的前驱。他具有广博的知识，素有“奇异的博士”之称。

第二十八章　中世纪的商业贸易

名师导读

虽然中世纪的欧洲人讨厌竞争，喜欢按部就班地生活，但是，这个时期，欧洲的商业依然比较发达，贸易频繁，奠定了欧洲发展的基础。下面，让我们一起来了解中世纪的贸易情况吧！

水城威尼斯

十字军的东征使地中海一带再次成为生意最繁忙的贸易中心，意大利半岛上的许多城市变成了欧亚、欧非贸易的集散地。

意大利半岛上的很多城市能够在中世纪率先繁荣起来，原因有三：

首先，意大利在很久以前就是古罗马帝国的中心地带。野蛮人入侵欧洲，大肆进行劫掠和焚烧。意大利也难逃此劫，只因古罗马帝国修建的东西实在太多了，没有全部被焚毁，意大利幸存的文明古迹才多一些。

❶解释说明

说明意大利很富裕的原因。

①其次，意大利是庞大的政治机构首脑教皇的居住地。那些船主、商人用金钱来表达对教皇权威的敬意，使得意大利成为欧洲众多国家中拥有较多金钱的国家。

最后，意大利是十字军战士前往东方的海运中心，聪明的意大利人从中赚取了很高的利润。东征结束的时候，十字军已离不开东方商品，这些意大利的城市摇身一变，成了东方商品的集散地和转运中心。

读书笔记

水城威尼斯是意大利一个著名的海滨城市。威尼斯人的祖先为了躲避野蛮人入侵，在4世纪时逃到这里，开始从事食盐的加工生产。几百年来威尼斯人一直垄断着这种必不可少的调味品，大大增强了威尼斯的竞争力，有时，他们甚至敢于公开反对教皇的权威。积累了越来越多的财富后，人们开始造船与东方进行贸易往来。后来，这些船就被用来运载十字军战士，战士们会去攫取一定的土地作为船费。就这样，威尼斯的殖民地越来越多。

❷解释说明

介绍了当时威尼斯人民的地位。

14世纪末，威尼斯以二十万总人口成了中世纪时期欧洲最大的城市。但是，②人民没有发言权，他们选出了一个参议院和一位公爵，那也只是名义上的称号，著名的十人委员会的所有成员才是城市的真正统治者。

富有的美第奇家族

佛罗伦萨有另一种极端的民主政治，充斥着动荡与不安。佛罗伦萨地处欧洲北部通往古罗马的重要道路，有着优越的地理位置。佛罗伦萨人分属于不同的政治流派，各流派存在着激烈的斗争。在议会中获胜的党派，会把竞争对手驱赶出去，并把他们的财产充公。暴民组织统治了几个世纪，不可避免的事情再次发生了。① 美第奇家族是当时享有至高无上的权力的一个家族，因祖辈是外科医生（美第奇的意思就是医生）而得名，族内的人后来成了大银行家。直到今天，美国当铺的牌匾上还能看到三个金球，那就是拥有超强实力的美第奇家族族徽上的标志。后来他们成了佛罗伦萨的主人，按照古雅典的专制方式管理城市和附近的乡村。

❶解释说明

美第奇家族经济上非常富有，政治上地位显赫，至高无上。

热那亚的兴衰

意大利半岛上有两百多个大大小小的城市，每个城市的商业机构功能齐全，相互之间的商业竞争激烈。热那亚是其中一个城市，它是威尼斯的老对手，那里的商人只做非洲的突尼斯及黑海沿岸几个小谷仓的贸易。

热那亚从海路把货物运送到法国马赛，再转陆路运到罗纳河沿岸的城市。

威尼斯则是通过陆路把商品运到北欧。这条古老的

读书笔记

道路曾是野蛮人入侵意大利的入口。经过因斯布鲁克把货物运往巴塞尔，再沿莱茵河到达北海和英格兰。或者是把货物运送到奥格斯堡，再由富格尔家族把货物分送到纽伦堡、莱比锡、波罗的海的沿岸城市以及哥特兰岛的威斯比。

国际贸易体系的建立

❶解释说明

在斋戒日时，人们为了可以吃肉，强行将鱼类定义为不是“肉”。

[1]在中世纪，宗教斋戒日时人们不能吃肉，因此鱼类产品的需求量非常高。而那些远离海岸与河流的人只能吃鸡蛋来填饱肚子。13世纪初，一位聪明的荷兰渔民对鲱鱼进行加工，使新鲜的鲱鱼能够运到遥远的地方，北海地区的鲱鱼捕捞事业因此越来越昌盛。可是没过多长时间，鲱鱼突然从北海全部移居到了波罗的海，波罗的海的周边地区瞬间大发其财。一年中，鲱鱼的捕捞期只有短短几个月，来自非洲各地的捕捞船在非捕捞期，就被用来把俄罗斯中部和北部盛产的小麦运往西欧和南欧，再把那里的香料、丝绸、东方挂毯等货物带回来。

读书笔记

从布鲁日、根特这种从事商品制造业的城市一直扩展到俄罗斯的诺夫哥罗德共和国，欧洲以这种简单的商品转运为开端，确立了一个重要的国际贸易体系。

生活在北方城市的商人，为了不受海盗、苛捐杂税和各种法律的干扰，成立了一个保护自己的“汉萨同盟”。它由一百多个城市自愿组成，总部设在了吕贝克。

中世纪的进步是相当缓慢的。在那些拥有大权的人们的认识里，“进步”是一个居心叵测的无知的事情，不该受到鼓励。他们有足够的权力，可以轻而易举地把自己的思想强加给农奴和没有文化的骑士。偶尔有一些勇敢者冲破他们的思想闯入科学禁区，往往要付出生命的代价。

①12 世纪到 13 世纪期间，整个西欧被国际贸易的浪潮淹没了。它给人们带来了空前的繁荣和宝贵的财富。在紧张的劳碌后，人们有了更多的闲暇，有足够多的时间和精力去购买和阅读书籍，培养文学、艺术和音乐方面的高雅情趣。

❶**正面描写**　说明欧洲的繁荣不仅表现在财富上，还表现在人们培养高雅情趣上。

② 再次兴盛起来的城市又一次催发了人们的好奇心，也为那些勇于超脱现实、进入广阔天地的勇敢者，提供了温暖而安全的避风港。

❷**因果联系**　经济的发达，财富的拥有，城市的再次兴起，催发了人们对于大自然、人性和宗教的思考。一个伟大的时代即将来临。

他们不再满足于隐居的书房和专心学习书本的生活，而是打开了窗户，让温暖的阳光洒满屋里的角落。他们开始打扫书房，修整花园。

他们走出屋子，越过摇摇欲坠的城墙，来到广阔的田野。他们呼吸着新鲜湿润的空气，感受着世界的美丽和生命的美好。

一个崭新的世界即将开始。

精华赏析

十字军的东征，使得意大利成为贸易繁荣的财富集散地。船主、商人纷纷向教皇缴纳金钱表示真诚的谢意。在斋戒日，人们不能吃肉，为了吃肉，强行将鱼类定义为不是“肉”，所以人们对鱼的需求量特别大。于是欧洲再次积累起巨额的财富，城市也更加发达了。这一切，都促使人们开始思考精神层面的内容了。

延伸思考

1. 意大利为什么会变得繁荣?
2. 斋戒日，人们不能吃什么东西?
3. 意大利哪个城市最为繁荣?

相关链接

文中提到的热那亚，位于意大利北部，利古里亚海热那亚湾北岸，是利古里亚区热那亚省首府。热那亚为意大利最大的商港和重要工业中心、著名旅游胜地。风景名胜有圣·劳伦佐主教教堂、圣乔治宫、新街博物馆、哥伦布故居等。

第二十九章 文艺复兴

名师导读

文艺复兴发生在14至17世纪。它开始于意大利的佛罗伦萨，后扩大到欧洲各国。让我们一起走进书中，来了解这场运动吧！

时刻警惕日期的危险性

某个阶段，人们试图挽救那些古老而又令人欢快的古希腊、古罗马和古埃及的文明残骸。这个阶段就是众所周知的文艺复兴时期。

文艺复兴不是政治或宗教运动，仅仅是一种心灵状态。

文艺复兴时期的人们依然是教会的属民，依然是被国王、皇帝、公爵主宰的顺民，他们只是改变了对生活的态度。

他们开始把自己的思想和精力全部集中在今生，他们开始在现有世界上开创自己美丽的天堂，并取得了非凡的成就。

①文艺复兴运动并不是伴随着时钟“咔嗒”一声响就拉开了序幕，我们很难在中世纪和文艺复兴时期之间划出一条明显的分界线。我们要时刻警惕日期的危险性。

❶正面叙述：文艺复兴时期和中世纪之间没有明确的分界线。因为文艺复兴运动不是政治或宗教运动。

历史学家普遍认为13世纪属于中世纪，但13世纪并不仅仅是一个充满了黑暗与停滞的时代。在中世纪，人民活跃，大的国家不断建立，大的商业中心蓬勃发展。②新修建的哥特式的大教堂威严地站立在城堡和市政厅的屋顶旁边。市政厅里高傲的绅士，刚刚意识到自己拥有着强大的力量，又开始为夺得更多的权力与封建领主打得不可开交。行会的成员们也把市政厅当成角斗场，想与高傲的绅士们一决胜负，而国王和他的顾问们则在斗争中浑水摸鱼。

❷拟人修辞：把新修建的哥特式大教堂矗立在城堡和市政厅屋顶旁边的形象拟人化。用“威严”一词显得更加生动。

夜幕降临，辩论了一整天政治和经济问题的雄辩家们颓废地走在昏暗的回家路上。在这种形势下，普罗旺斯的抒情歌手、德国的游吟诗人登上了历史的舞台。朝气蓬勃的青年人纷纷拥入大学，由此引出新的佳话。

“国际精神”产生的大学

读书笔记

中世纪是富有“国际精神”的，在13和14世纪，人们很少会说自己是英国人、法国人或是意大利人，他们会说自己是谢菲尔德的公民，是波尔多的公民，是热那亚的公民。因为他们同属于一个教会，因此他们彼此间情谊深厚。而且当时接受过良好教育的人都掌握了①一门国际通用的语言——拉丁语，不存在语言障碍带来的麻烦。

❶解释说明

说明当时拉丁语已经相当普及。

像埃拉斯穆斯，一位在全国各地宣扬仁慈与欢乐的导师，出生在荷兰的一个小村庄，他只用拉丁语写书，在16世纪完成了全部作品，全体欧洲人都是他忠实的读者。当时，大多数欧洲人都没有文化。而那些会读书写字的人没有国界、语言和国籍的限制，归属于国际文坛。大学就是这个国际文坛的靠山。那个时候的大学没有围墙。如果在某个地方有老师和学生恰巧凑在一起谈论，那这个地方就是大学的地址了。这点是中世纪和文艺复兴时期与我们现代社会的另一个巨大的差别。

读书笔记

大学登上了历史的舞台

在中世纪，一个聪明人发现了一个真理，会在某个地方聚集起几个听众，开始不辞劳苦地散布自己的思想。如果他思维敏捷，讲得栩栩如生，会有一群人围在他身边，听这位导师的演讲。他们会随身携带笔记本、墨水和一支鹅毛笔，把有道理的话记录下来。有时恰逢老师讲得起劲，天空却突然下起了雨，他们便转移到某个地下室或是导师的家中，导师坐在椅子上，学生们席地围坐，继续演讲。这就是大学的开始。

读书笔记

在中世纪，大学即由老师和学生组成的共同体。“教师”意味着一切，地点、房屋无关紧要。

读书笔记

在 9 世纪的那不勒斯的一个小城——萨莱诺，有很多医术精湛的医生吸引了大批想要从医的人们前来学习，萨莱诺大学因此诞生。这所大学从兴起到 1817 年关闭，历经了近一千年，它主要讲授古希腊医生希波克拉底留传下来的医学成果。

12 世纪初，还有一个来自布列塔尼的年轻的神甫，叫阿贝拉德。他在巴黎讲授神学和逻辑学，吸引了无数热血青年。阿贝拉德在讲授期间，也会有人站出来反对他的观点。没多久，来自英国、法国及意大利，甚至遥远的瑞典和匈牙利的人挤满了巴黎街头，著名的巴黎大学就在塞纳河小岛上的老教堂附近诞生了。

在意大利的博洛尼亚城，僧侣格雷西恩编纂了一本教科书，吸引了许多欧洲的年轻教士和俗家前来聆听他的理论，来了解教会法律。[①] 为了不受当地的地主、旅店老板和房东的欺负，这些人自愿组织起一个联合会，即意大利博洛尼亚大学的雏形。

❶解释说明

写出了意大利博洛尼亚大学雏形出现的背景。

后来，巴黎大学因内部矛盾，一大批对社会不满的教师带领着他们的学生，来到了泰晤士河畔的牛津小镇，成立了著名的牛津大学。1222 年，博洛尼亚大学也出现了分裂。大学在欧洲各地纷纷崛起。

读书笔记

那时教授们讲授的东西，现在看来很多都是荒谬可笑的。但在中世纪，特别是 13 世纪，朝气蓬勃的年轻人终究是渴望知识的。文艺复兴就在这样的问题和矛盾中诞生了。

但丁的出现

中世纪走向没落之时，一个孤单的身影慢慢登上了历史舞台，他就是但丁。1265 年，但丁出生于佛罗伦萨一个律师的家庭，属于阿利吉耶里家族。[①] 当时的佛罗伦萨有两大派别，一是教皇的追随者奎尔夫派，一是支持皇帝的吉伯林派，两派经常进行激烈的斗争，流血、杀戮没完没了。上学路上那一摊摊血迹，给少年时期的但丁留下了痛苦的记忆。

①正面叙述

介绍了两大派别的斗争非常残酷。

但丁的父亲是奎尔夫派，长大的但丁很自然加入了奎尔夫派。可几年后，但丁发现，许多小城市间因嫉妒互相争斗，如果没有一个统一的领导者，意大利最终会走向灭亡。于是，他转而支持皇帝，加入吉伯林派。

读书笔记

他希望在阿尔卑斯山北面能有一位威严的皇帝来拯救当时混乱的局面，重新建立统一的秩序。可惜，他的等待成了泡影。1302 年佛罗伦萨大战中，吉伯林派惨败，皇帝的追随者纷纷被流放。但丁变成了流浪汉，一直到 1321 年，孤单地死于拉维纳城的废墟中。

长期的流浪生活，让但丁越来越希望为自己当年作为一位政治领袖的行为辩护，可是但丁的政治雄心最终还是以失败结束了。他曾全身心地为生养他的佛罗伦萨拼死效力，却被罚以终身流放，如若擅自回到佛罗伦萨，就会被活活烧死。身为诗人的但丁，创造了一个充满幻想的世界，来为自己的良心和同时代的人们洗清冤屈。

读书笔记

他描述的故事发生在1300年，那是复活节前的一个星期四，在一片黑漆漆的森林里，他迷路了，被豹子、狮子、狼拦住了去路。他正惊慌失措之际，古罗马诗人与哲学家维吉尔身披白衣浮现在树丛中，带着他开始了穿越地狱的道路。途经艰难曲折，最终来到了地狱的最深处，看到魔鬼撒旦被冻成永不融化的冰柱。在途中，但丁遇见了许多皇帝和教皇，勇猛的骑士和高利贷者，有些罪恶极深的人注定了永远翻不了身。

但丁为人们讲述了一个神奇的故事，但书写的净是13世纪的人们的行为、思想、恐惧和祈祷的一切。然而，这一切的背后永远拖着绝望的影子。

彼特拉克

弗朗西斯科·彼特拉克，文艺复兴的另一位先驱，在但丁即将走向死亡的时候诞生了。彼特拉克的父亲是意大利阿雷住小镇的公证员，①与但丁一样，同属吉伯林派，也未能幸免于吉伯林政变的失败，因此，彼特拉克出生于佛罗伦萨以外的一个小地方。父亲希望他日后能当一名律师，在他十五岁的时候，送他到法国的蒙彼利埃学习法律。可他不喜欢法律，他更想做一名学者或诗人。怀揣着远大的志向，最终他以坚强的意志获得了成功。他先来到弗兰德斯、莱茵河沿岸的修道院，后又来到了巴黎、列日，最后来到罗马。带着在各地抄写的古代的手稿，他来到沃克鲁兹山区的一个幽静山谷中，开始夜以继日地研究写作。很快，

读书笔记

①叙述

介绍了弗朗西斯科·彼特拉克，和但丁有着同样的背景，也有着同样悲惨的遭遇。

他的诗歌和学术成果盛名远扬，巴黎大学和那不勒斯国王纷纷邀请他讲学。在罗马，作为发掘古罗马的作家的彼特拉克早已是家喻户晓，当他途经罗马的那一天，热情的人民在罗马城的古代广场上赋予他诗人的桂冠。

读书笔记

自此，彼特拉克的周围充满了称赞声和掌声。人们对枯燥的神学早已感到厌倦，而他讲述的是人们最爱听的新鲜事物，他歌颂爱，歌颂自然以及永远新生的太阳。他每到一座城市，就会受到全城人的迎接。如果碰巧与擅于讲故事的薄伽丘一起，欢迎的场面更加热烈。①两个文艺复兴的代表人物，都对世界充满了好奇心，乐于接受所有新鲜的事物，喜欢研究古代诗人的遗稿。这两个善良的基督徒，不会因为注定要在将来的某一天死去，而成天愁眉苦脸，衣着暗淡破旧。生命应该是美好的，生活理应是快乐的。人活着，就应该努力追求幸福。但是，那些皇帝不是基督教徒，所以永远不可能进入天堂。

❶叙述

介绍了彼特拉克和薄伽丘的共同点。

可没有人会在乎这些。对于任何人来说，如果能在古罗马时快快乐乐地生活，都如在天堂了。再说，生命只有一次，应该活得快乐和幸福。

你知道什么是自行车狂和汽车狂吗？有人发明了自行车，人们可以借助自行车轮的力量，而不仅仅是用双脚就能轻而易举地快速翻山越岭，因此人们疯狂迷恋。后来，汽车出现了，让马达和汽油可以更快速更轻松地把人带到自己想去的地方。每个人都希望拥

读书笔记

有一辆属于自己的汽车，全世界都在为汽车而奔波忙碌着。

14世纪，当古罗马埋没多年的美被重新发现时，如现代的“汽车狂”一样，整个意大利为之疯狂，进而渲染了整个欧洲。于是，人们为刚刚得到的古代手稿而狂欢。这些人文主义者受到的赞誉和钦佩远远高于刚刚消灭食人岛后凯旋的探险英雄们。

读书笔记

文艺复兴时代，发生了一件事，对研究古代哲学的学者和作家非常有利。欧洲再次遭到土耳其人的进攻，古罗马帝国的最后一片土地——君士坦丁堡被包围起来。1393年，东罗马皇帝曼纽尔帕·莱奥洛古斯派特使向西欧求救，却迟迟不见援军。

但是，西欧人对拜占庭和那里的人民的冷漠，并不妨碍他们对古希腊人的兴趣。他们喜欢学希腊语，以便更深入地研究亚里士多德、荷马以及柏拉图的原著。他们渴望知识，却苦于没有教材和教师。佛罗伦萨的官员们得知克里索罗拉斯将要前来访问的消息，马上发出邀请，请他来此地教授知识。克里索罗拉斯接受了邀请。于是，欧洲有了第一位讲授希腊语的教授，他开始为几百个热血青年讲解希腊语。[1]阿尔法、贝塔、伽马等年轻人历经千辛万苦，都只是为了学会希腊语，能更深入地研究索福克勒斯和荷马的世界。

❶解释说明
写出了年轻人千辛万苦来求学的目的。

最后的挣扎

一批批年轻人开始陆陆续续离开大学的教室，跑去听“文明再生”的新理论，大学里守旧的经院教师还在不厌其烦地讲授着古老的神学和逻辑学，他们发现事态的发展越来越严重了，就大发雷霆，向当局抱怨投诉。

[1] 可是，你能强迫一匹脾气暴躁的野马喝水，却无法强迫人们竖起耳朵聆听根本不感兴趣的言论。人们对这些老派教师越来越熟视无睹。

❶对比修辞 充分说明经院教师守旧，不改变教学方法，不能提出自己的看法或观点，是无法吸引人去听课的。

佛罗伦萨，作为文艺复兴的中心，正在经历一场旧秩序与新生活之间的恐怖斗争。中世纪阵营的领导者西班牙的多明我派僧侣，一向对“美”怀有憎恶的态度，他发动了一场英勇的战役。每天，玛利亚德费罗大厅中都会回荡着他如雷贯耳的怒吼声，警告人们忏悔对尘世玩物的喜爱。他宣称自己组织童子军，精心带领那些还没有被玷污的灵魂全心全意地为上帝效劳。佛罗伦萨市民心中再次充满了恐惧，答应改过自新，他们把自己所有的书籍、雕塑和油画通通交出来，这些珍贵的艺术品被火焚毁了。

艺术珍品灰飞烟灭，人们却被这场大火烧醒了。人们意识到这个恐怖的宗教狂热分子居然使他们亲手摧毁自己深爱的东西。萨佛纳洛拉被关进了监狱，在那里受到严酷的刑罚，但始终拒绝对自己的恶行忏悔。作为教会忠诚的儿子，他坚信热爱异教的书籍和美是一种不可饶恕的罪恶。最后，教皇默默接受了那些忠实子民把他拖上绞刑架绞死的决定。

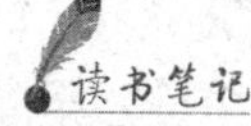

如果在 11 世纪，萨佛纳洛拉肯定是一位伟人。可

读书笔记

生活在15世纪的他注定是一个失败的领导者角色。教皇变成了人文主义者，梵蒂冈成为收藏古希腊和古罗马艺术品的博物馆，这宣告着中世纪彻底退出了历史舞台。

精华赏析

文艺复兴不是古希腊、古罗马和古埃及文明的简单重复，而是注重人，关注人的内心。文艺复兴时期诞生了很多举世闻名的大学，也涌现出灿若群星的大师，如但丁、彼特拉克、薄伽丘等。

延伸思考

1. 但丁著名的作品是什么？
2. 彼特拉克和薄伽丘有哪些共同之处？
3. 文艺复兴运动首先在哪里兴起？

相关链接

荷马（约前9世纪—前8世纪），是古希腊盲诗人。相传记述了公元前12至前11世纪的特洛伊战争，关于海上冒险故事的古希腊长篇叙事史诗——《伊利亚特》和《奥德赛》，即是他根据民间流传的短歌综合编写而成的。他的杰作《荷马史诗》，在很长时间里影响了西方的宗教、文化和伦理观。

第三十章　完美的表现

名师导读

中世纪是一个黑暗的时代，知识被教会和统治阶级垄断。但是，贸易的发达，经济的快速发展，使得人们渴望了解更广阔的世界，渴望自己心灵的解放。于是，人们开始著书立说，到大学讲课传授知识。一种人本主义的思想蔓延开来。

人们有了新发现的喜悦、新的思想都渴望倾诉，他们在用自己的方式表达着自己的幸福感。[1] 诗歌、雕塑、建筑、油画及出版的书籍等都成了他们表达的方式。

❶举例　举例说明当时的人们如何表达新发现的喜悦，倾诉新的思想和自己的幸福感。

1471 年，有一位虔诚的老人，走过了九十一个春秋，结束了他长达七十二年在圣阿格尼斯山修道院的隐居生活，离开了人世，他就是托马斯。托马斯十二岁时被送到了德文特，在著名的布道者格哈德·格鲁特创建的学校里，小托马斯学会了拼写拉丁词语、手抄古代手稿等。这是一所即使是贫穷的农家孩子也能在那里接受到基督谆谆教诲的学校。小托马斯学成

读书笔记

后，背上自己的所有书籍，不辞辛苦地来到兹沃勒。随后他激动地感叹一声，把那躁动不安的世界拒之门外。

托马斯生活的年代，到处是瘟疫和死亡。在欧洲的波希米亚，不久前在康斯坦茨会议上受邀到瑞士为教皇、皇帝、主教等讲解教义的胡斯，在下一次的会议中却被下令活活烧死在了火刑柱上。

在西欧，法国人与英国人的百年战争刚刚结束，为争夺西欧的霸主位子，法兰西王国和勃艮第又蓄意展开了一场殊死搏斗。

读书笔记

在南部，罗马教皇与法国南部阿维尼翁的教皇也在祈祷给对方带来灾难。在远东，土耳其人霸占了君士坦丁堡。俄罗斯人远征，想彻底摧毁鞑靼的势力。

托马斯只待在自己的陋室里隐修，满足于古代的手稿给他带来的疑问中，从不过问外面的事情。他倾注心血的小册子《效仿基督》是除《圣经》外被译成的语言最多的书籍，它改变了无数人的生活及他们对世界的态度。安静地坐在某个角落里，手捧着书，安详地过完此生是托马斯最理想的生活方式，代表了中世纪最纯洁的理想。

读书笔记

文艺复兴不断取得胜利，人文主义者高声呼喊新时代来临，中世纪也在准备最后的一搏。修道院、僧侣们、善良的人们，都在想尽办法把世人带回到正义与顺从上天意愿的道路上来，但一切都是徒劳。过去的日子不会再回来了，历史的舞台已被“表现”时代占领。

那时的人们已不再满足于扮演无声无息的角色，他们想成为生活大舞台上的表演者，希望充分表现自己的思想。

①如果一个人正好对政治感兴趣，又喜欢写点什么，那么他就会写一本书来充分表达自己对一个胜利的国家和一个战功累累的统治者的想法。而如果他擅长绘画，那么他就会用图画来表现他对事物的热爱。乔托、拉斐尔就这样出现了。

❶假设

那时候，如果一个人用书来表达自己对国家的看法，那他一定是正好对政治感兴趣，而且又喜欢写作的人。

如果这个人不仅热爱周围事物，还喜欢机械和水利，就会产生列奥那多·达·芬奇一样的伟人。他一边画着《蒙娜丽莎》，一边构思着排干伦巴德平原上沼泽积水的有效方法。世界上的万事万物都让他感受到无穷的乐趣，他在散文、绘画中尽情地表现这些事物和感受，甚至将他们表现在他构想出来的神奇的发动机里面。

如果一个人拥有足够多的精力，手中的画笔和调色板不足以抒发他的精力，就像米开朗琪罗一样，他会毫不犹豫地转向建筑和雕塑领域，从沉重的大理石块中开发自己美妙绝伦的形象。

整个意大利涌现出大批勇于“表现”的人，为积累宝贵的知识、美和智慧，为了能献出自己的一份微薄之力，他们努力地生活和工作。②德国美因茨的约翰·古腾堡研究出一种新的出版书籍的方法，却在随后的一桩关于印刷术发明权的官司中倾家荡产，最终贫困而死。可是他擅于发明的天赋“表现”却流传于后人。

❷转折

古腾堡的精神给后人以启迪。

没过多久，印刷精良的古典名著广泛地应用起来，威尼斯的埃尔达斯、巴黎的埃提安、安特卫普的普拉丁

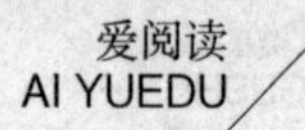

读书笔记

以及巴塞尔的伏罗本，分别用不同的字母进行印刷。

整个世界属于那些想要表现自己的热情听众，人文主义使所有人在印刷术的发明中得到了自由与平等的地位。知识被少数拥有特权的阶层垄断的时代彻底结束了。

精华赏析

经济的发达，社会的发展，使人们逐渐有时间关注其他事情，开始有了新的发现，渴望有人能听他们倾诉。于是，有人会写书，有人会搞雕塑，有人会画画等，人们通过这些方式倾诉着自己的情感。印刷术的出现，打破了知识被垄断的局面。

延伸思考

1. 人们通过哪些方式来表达自己的幸福感？
2. 达·芬奇的画作中哪幅最为有名？
3. 古腾堡是因为什么官司而倾家荡产的？

相关链接

文中提到的米开朗琪罗（1475—1564），是意大利文艺复兴时期的画家、雕塑家、建筑家和诗人，与拉斐尔和达·芬奇并称为“文艺复兴三杰”。米开朗琪罗一生追求艺术的完美，雕塑作品有《大卫》，绘画作品有著名的天顶画《创世记》。后来人们用他的名字命名小行星 3001 来表达对他的崇拜。

第三十一章　地理大发现

名师导读

地理大发现，指的是15到17世纪，人们从欧洲出发，发现了印度，发现了美洲。人们通过环球航行，还证明了地球是圆的，人类对地球的认识发生了质的飞跃。这些事件，都具有划时代的重大意义。就让我们一起来了解这段历史吧！

危险的航程

既然人们已经走出了被中世纪束缚的阴影，他们需要的就是到更宽广的空间去冒险。欧洲在他们的雄心面前，显得那么渺小。于是航海大发现的历史时代悄悄地来临了。

13世纪，威尼斯的商人波罗兄弟越过浩瀚无边的蒙古大沙漠，翻过高耸陡峭的群山，历千辛，经万苦，来到当时统治着中国的蒙古大汗的皇宫。二十年来在东方漫游的过程和刺激的冒险经历，被波罗兄弟的其中一个儿了马可·波罗写成了一本游记，引发了欧洲人极大的兴趣。这本游记让人们了解到神秘的东方，让很多人幻想着要去东方寻找那片铺满了黄金的土地。无奈陆路的行程遥远且艰险，人们只是想想而已。

在中世纪，航海非常少见，因此也很少有人想到通过水路去东方。当时的船体积都非常小，①当年麦哲伦进行数年的环球航行时的船还没有现代的一条渡船大。运载人数最多五十人，船舱狭小，舱内无法直身。厨房简陋，水手们在恶劣的天气只能吃些生的食物。船一旦驶入大海，他们就再也吃不到新鲜的蔬菜了。虽然当时人们掌握了腌制鳕鱼制作鱼干的方法，但还没有发明罐头。淡水被装在木桶里，时间一长就会变质，水手们有时会死于伤寒症。更早的航海家死亡率更高。1519年，随麦哲伦离开塞维利亚环球航行的两百多名船员，只有十八人活着回到了欧洲。即使到了17世纪，想要成功完成一次从阿姆斯特丹到巴达维亚的往返行程，仍会有40%的人因吃不到新鲜蔬菜而得坏血症死在途中。

因此，在当时航海很难吸引到欧洲的优秀人员。像麦哲伦、哥伦布和达·伽马这些探险者，率领的通常是一群刚刑满释放的人、杀人犯和一些在逃犯组成的乌合之众。

对这些航海者的勇气，我们应该表示崇高的敬意，我们现在根本无法想象他们遇到的困难，他们完成了看起来根本不可能完成的航行。他们的船底经常会漏水，工具沉重，操作不便，航海地图也并不是很准确。到了13世纪中期，②即使有了一种类似罗盘的仪器可以指明

❶对比修辞

显示出麦哲伦环球航行的宏伟气魄。

读书笔记

❷条件

“即使……也……”是表示条件关系的关联词。说明当时类似罗盘的工具并不能起决定作用。

方向，在很多情况下也只能依靠运气和猜测选择行驶方向。他们是世界上真正的开拓者和冒险家，用命运做赌注，用生命在冒险。每当一处新海岸线出现在眼前，或者他们的船驶入一片有一丝人气的新水域时，一路遭受的种种困难，像干渴、饥饿、疾病、创伤等，统统被抛到九霄云外。

葡萄牙人的发现

14 和 15 世纪的航海家，唯一的想法就是尽快找到一条安全舒适的航线，好到盼望已久的中国、吉潘古海岛（日本）以及盛产香料的神秘东方岛屿去。香料在十字军东征以后就成了欧洲人的必需品。当时的欧洲还没有冷藏法，肉类很容易腐烂变质，只有撒上一把胡椒或是豆蔻才能继续食用。

地中海一带的航行者曾是威尼斯人和热那亚人，但在葡萄牙人发现并探索大西洋海岸后，这一荣誉称号就落到了葡萄牙人身上。13 世纪时，葡萄牙国王阿尔方索三世成功地把西班牙半岛西南部的阿尔加维王国纳入自己的领地。后来，葡萄牙人在与穆罕默德信徒的斗争中赢得主动地位，渡过直布罗陀海峡，占领了阿拉伯的体达城。葡萄牙人已经为他们的探险事业做好了充足的准备。

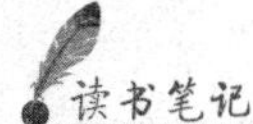

1415 年，被人们称为“航海家亨利”的葡萄牙王子亨利正在做细致周密的准备工作，即将大规模地探索非洲西北部。此前，腓尼基人和北欧人的祖先曾踏进过这片炎热而荒凉的海岸，记载中称这里是一群长毛的“野

人”（非洲大猩猩）经常出没的地方。

亨利王子在非洲探险的工作进展顺利。他和他的船员们惊奇地发现了加那利群岛，接着，他们又一次找到了马德拉岛。他们对亚速尔群岛进行了实地勘察，并绘制出精确的地图。关于非洲西海岸的塞内加尔河河口，他们认为是尼罗河的入海口。15 世纪中期，他们来到了佛得角（也叫绿角）及佛得角群岛。

读书笔记

亨利不仅在海上探险，他还是一名基督骑士团的首领。亨利王子利用骑士团归属地每年上缴的金银财宝，组建了几支远征队，开始了对几内亚海岸的撒哈拉大沙漠中心的探索。

他用了大量的时间与金钱寻找神秘的普勒斯特·约翰。据说，约翰是 12 世纪的基督教传教士，他建立了一个广阔的大帝国，做了帝国的皇帝。三千年来，人们一直在努力寻找普勒斯特·约翰和他的后人，均未有任何发现。亨利的所有工作也都是徒劳的。

❶正面叙述　写出了好望角名字的由来。

① 1486 年，探险家巴瑟洛缪·迪亚兹从海路出发到非洲的最南方找寻普勒斯特·约翰的国度。这里风力强劲，他把这里取名为“风暴角”。他手下一位名叫里斯本的海员，深知这里的发现对向东寻找通往印度的航线意义重大，建议将其命名为“好望角”。

读书笔记

一年以后，佩德洛·德·科维汉姆受热那亚的美第奇家族委托，从陆路开始了寻找普勒斯特·约翰神秘国度的征程。他渡过地中海，穿越埃及，向南到达了亚丁港，在那里改换海路，乘船驶入了波斯湾平静的海面。科维汉姆在印度沿岸的果阿及卡利卡特地区登陆，并在那里听到有关月亮岛（即马达加斯加）的美丽传闻。离开印度后，科维汉姆重新返回波斯湾。后来，他又一次渡过红海，终于在1490年找到了普勒斯特·约翰的神秘国度。原来这个神秘的国度就是阿比西尼亚（即埃塞俄比亚），它由黑人领袖尼格斯统治，他的祖先早在4世纪就归顺了基督教。

① 多次的航行使葡萄牙的地理学家们和绘制地图者们深信，向东从海路到达印度是有可能的，但是实行起来困难重重。因此一些人支持从好望角继续向东开辟通向印度的新航线；而另外一些人却认为只有向西越过大西洋，才能到达中国。

❶**因果联系**

多次的航行，使人们积累了丰富的航行知识和地理知识。

那个时代的聪明的人已经认识到地球是圆的。2世纪，古埃及著名的地理学家克罗狄斯·托勒密宣称地球是方形的。到了文艺复兴时期，科学家们脱离了托勒密体系，转向波兰数学家哥白尼的日心说。尼古拉斯·哥白尼在大量深入研究的基础上提出，有许多圆形的小行星围绕着太阳转动，地球就是其中的一颗。② 但是迫于对宗教法庭的恐惧，这个伟大的发现直到三十六年后他去世的时候才公开发表。当时的航海家们都相信地球是圆的，争论的焦点是往哪个方向航行会更方便、更迅速。

❷**因果联系**

因为基督教会的恐怖统治，哥白尼的日心说在他去世后才得以发表。

哥伦布向西

克里斯托弗·哥伦布支持向西航行。哥伦布来自热那亚，他的父亲是一位羊毛商人，他自己曾经在帕维亚大学读书，专攻数学和几何学。他继承了父亲的羊毛生

读书笔记

意，没做多长时间，他就到东地中海的希俄斯岛做商务旅行。他从那里乘船去了英格兰，但不清楚他的身份是一名到北方购买羊毛的羊毛商还是作为商船的船长。据说，哥伦布于1477年2月抵达了冰岛，但也可能只是到达了冰天雪地的法罗群岛而已。在那里，哥伦布遇见了强悍勇猛的北欧人后代。

在法罗群岛和冰岛上，依然流传着有关“远西地区的大片土地”的传闻，哥伦布一定是从他们那里得到了大量的信息。哥伦布还从北苏格兰群岛的渔夫口中搜集到了更多更可靠的信息。随后，他驶往葡萄牙。

1478年以后，他全身心投入向西寻找通向印度的航线中。他分别向葡萄牙皇室和西班牙皇室递交了详细的航海计划。可当时，对向东航线信心十足的葡萄牙人，对哥伦布的向西计划根本没有兴趣。在西班牙，1469年，阿拉贡的斐迪南大公与卡斯蒂利亚的伊莎贝拉的联姻促成了统一的西班牙王国。[1] 他们都正在为攻打摩尔人在西班牙半岛上的最后一个堡垒——格拉纳达而忙碌着，无暇资助哥伦布的航海计划。

❶解释说明

说明当时西班牙的皇帝正忙于抢夺殖民地。

很少有人会像哥伦布一样为实现自己的理想而拼命奋斗。1492年1月2日，被困的摩尔人投降了。4月，哥伦布与西班牙国王和王后签订了合同，在8月3日星期五这天，哥伦布率领了三只小船，八十八名囚犯船员，从帕洛斯出发，开始了寻找印度和中国的西线航行。同年10月12日，也是一个星期五的凌晨两点，哥伦布第一次发现了一片陆地。次年1月4日，哥伦布率领伤亡半数的船员返航，2 月中旬抵达了亚速尔群岛。3 月 15 日，哥伦布回到了帕洛斯岛，然后火速带着他的印第安人赶往巴塞罗那，向他的保护者汇报此次航行的成果。

[①] 哥伦布坚信自己发现的印度群岛只是延伸出来的一些岛屿，至死也没有发现事实的真相。晚年的他似乎怀疑过自己以前的发现并不是想象的那样。可他一直坚信，在欧洲和亚洲之间没有单独的大陆，他已经找到了直抵中国的航线。

①解释说明

哥伦布坚信自己发现了印度群岛，发现了直抵中国的航线。其实，哥伦布发现的不是印度，而是美洲。

伟大的麦哲伦

葡萄牙人坚持自己的东方航线。达·伽马在 1498 年成功抵达了马拉巴海岸，装满香料安全返回里斯本，引起了全欧洲的轰动。1502 年，达·伽马再次前往马拉巴海岸。相比之下，向西航线的旅程并不乐观。1497 至 1498 年，约翰·卡波特和塞巴斯蒂安·卡波特兄弟想要寻找到一条通向日本的捷径，但是除了纽芬兰岛上白茫茫的大地和怪石嶙峋的海岸，他们什么也看不到。

在哥伦布去世七年后的 1513 年，欧洲的地理学家才最终弄清了新大陆的真相。华斯哥·努涅茨·德·巴尔波沃穿越了巴拿马地峡，在著名的达里安峰顶端，他惊奇地发现了另一片广阔的海面，证明有另外一个大洋的存在。

1519 年，葡萄牙航海家斐迪南·麦哲伦，率领五支西班牙船只装备起来的船队，西行寻找香料群岛。越

过非洲与巴西之间的大西洋，麦哲伦南行来到一个狭窄的海峡，这片海峡位于巴塔戈尼亚（[1]即“长着大脚的人们的领土”）的最南端与火岛中间。整整五个星期，狂风和暴风雪大肆袭击麦哲伦的船队，情况危急，船员们惊慌起来。麦哲伦残酷镇压了叛乱的人，将两名船员留在荒凉的海岸上让其忏悔。

❶解释说明

巴塔戈尼亚的意思是长着大脚的人们的领土。这个海峡后来就叫麦哲伦海峡，在智利南端。

风暴最终结束了，海峡也慢慢变宽。这片新的海域风平浪静、阳光明媚，麦哲伦把它称作太平洋。继续向西航行的九十八天时间里，连一丝大陆的影子都没有看到。大多数的船员又饥又饿，只能生吃老鼠充饥，吃光了老鼠，他们就开始嚼船帆。

1521 年 3 月，他们终于再次发现了陆地，这里的土著居民见什么偷什么，麦哲伦称这里为“盗匪之地”。后来，他们继续西行，又发现了由一群小岛组成的群岛。麦哲伦以他忠实的主人查理五世的儿子菲利普二世的名字，命名这座群岛为“菲律宾”。在这里，麦哲伦受到当地居民热情友好的接待，他强迫当地的土著居民信仰基督教，并准备用大炮威胁时，遭到了人们的强烈反抗；麦哲伦和他的大部分船员被激怒的土著们杀死了，幸存的海员焚毁了残余的三艘船中的一艘，继续向西航行。他们最终来到了盼望已久的著名香料群岛摩鹿加。在驶入了蒂多尔岛时，一艘船由于严重漏水，部分船员只能留在了当地。仅剩的一艘“维多利亚”号在塞巴斯蒂安·埃尔卡诺船长的率领下，跨越印度洋，历经千辛万苦，终于重返西班牙。

读书笔记

世界文明的中心不断向西转移

麦哲伦环球航行耗时三年，投入了巨大的财力和人力，在所有的航行中占有最重要的地位。①这次航行的成功，充分地证明了地球是圆的这一事实，并且证明哥伦布发现的是一个全新的大陆，并不是印度的一部分。从此以后，西班牙和葡萄牙同时投入全部的精力开发这片新大陆和印度、美洲之间的贸易。②为了避免这对竞争对手以流血屠杀的方式解决矛盾，1494年，教皇亚历山大六世以格林尼治以西的五十度经线为分界线，把世界平分成两半。经线以东的领土归葡萄牙人享有，西班牙人则获得了经线以西的地方。这就是在17、18世纪之前，除巴西外，全部南美大陆都是西班牙的殖民地，而整个印度群岛和非洲的大部分地区都属于葡萄牙殖民地的原因。

当时，哥伦布发现中国大陆和印度的消息传到利奥尔托，引起了那里广泛的大恐慌，股票和债券暴跌40%～50%。后来证明哥伦布并没有发现通往中国的海路时，威尼斯的商人们才慢慢走出惊恐。但是，当麦哲伦的航行证明可以向东从海路抵达印度群岛时，威尼斯与热那亚的主宰者们开始后悔，后悔自己当初没有采纳哥伦布的建议。如今，给他们带来足够致富和满足感的地中海成了一片内海，海路的发现也使通往印度和中国的陆路捷径变成了一条弯路。大西洋逐渐变成了新的贸易与文明中心，这种优越的地位一直保持到现在。

❶因果联系

麦哲伦的环球航行获得了成功，打破了某些宗教的歪理邪说，对当时的人们具有启蒙作用。

❷解释说明

写出了教皇亚历山大六世为避免西班牙和葡萄牙发生矛盾而将世界一分为二的情况。

读书笔记

你是否发现，人类文明的发展方式是多么奇特？文明从尼罗河流域开始，移至幼发拉底河与底格里斯河之间的美索布达米亚。后来，克里特文明、古希腊文明以及古罗马文明兴盛起来了。地中海成为文明家园。16世纪，文明又一次西移至大西洋沿岸。

❶因果联系 写出了航海业的发展。

① 西线航行的发展，促进了船只的发展，船只的体积逐渐变大，航海家们掌握的航海知识增多，视野也在不断地开阔。

今天，文明的发展已经不再单纯地依赖船只了，飞机已经取代了船只的位子。文明中心的发展将依赖飞行器和水力的发展。

精华赏析

《马可·波罗游记》引发了欧洲人到东方寻求财富的热情。后来，迪亚兹发现了好望角，哥伦布得到西班牙国王和王后的支持发现了美洲大陆，麦哲伦的船队实现了环球航行。

延伸思考

1. 迪亚兹把风暴角命名为什么？
2. 哥伦布发现的是真的印度吗？
3. 麦哲伦在菲律宾是怎么死的？

第三十二章　东方的佛陀与孔子

名师导读

佛教是世界三大宗教之一，创始人是乔达摩·悉达多，即佛陀。孔子是春秋时期伟大的教育家、思想家，在中国具有崇高的地位。今天，就让我们一起了解佛陀和孔子吧！

西方人在很早以前就知道，基督教并不是世界上唯一的宗教，但当他们和中国及印度有了紧密的联系后，他们突然发现，在中国和印度的人们，居然从来没有听说过耶稣，这些国家的人们坚信自己的古老宗教要比西方的信仰要好无数倍。我想你们必须了解[1]这两个人——佛陀与孔子。这两位圣人的谆谆教诲和高大的榜样至今仍在影响着世界上大多数人的行为和思想。

❶解释说明

这里的破折号起着解释说明的作用，引出了两位圣人。

佛陀被尊称为印度最伟大的信仰导师。公元前6世纪，佛陀出生于白雪皑皑、高大巍峨的喜马拉雅山。四百年前，雅利安民族的第一位领导者查拉斯图特拉，就是在那里教导着他的属民。佛陀出身名门，父亲是萨基亚斯部落的最高首领萨多达那，母亲玛哈玛亚是邻国的公主。还是少女的公主嫁给萨多达那后，多年未能给丈夫生一个儿子来继承他的王位。五十岁时，玛哈玛亚终于怀孕了，她腆着肚子骄傲地回到家乡，为的是让儿子降生在自己的家乡。

在漫长的返程途中，玛哈玛亚途经蓝毗尼，晚上，她正在花园里的树荫下休息，儿子降生了。她为儿子取名悉达多，我们管他叫佛陀，[1]就是“大彻大悟的人”。悉达多慢慢长成一位英俊潇洒的年轻王子。十九岁时，他娶了表妹雅苏达拉为妻。婚后十年，他一直在宫内过着平静的生活，默默等待着继承父亲的王位。

可在悉达多三十岁的时候，他的生活一下子发生了变化。一次，他在宫门口看见一位年事已高、精神疲惫的虚弱老人。悉达多问自己的车夫查纳，老人为什么这么贫困。查纳说：“世界上的穷人太多了，对您没什么影响，不必在意。”年轻的悉达多什么也没说，心里却无比悲痛。回到宫中，一切归于平静，他努力让自己快乐起来。过了几天，又一次出宫的路上，他在马车上看到一个人正饱受疾病的折磨。悉达多又问查纳：那个人为什么要遭受这么多的痛苦？查纳回答，生病是无法避免的，生病的人太多了，不必往心里去。王子听了更加悲伤了，但他依然回到宫中过自己的生活。

几个星期后的一天傍晚，悉达多去河边洗澡。他的快马突然受惊，差点冲到马路外面。让马受惊的是一个仰躺在路边水沟中的死人。在父母的精心呵护下娇生惯

❶解释说明

大彻大悟，即看透世上的一切。

读书笔记

养的王子，从来没见过这么恐怖的情景。但查纳对他说，万物都会灭亡，世界上到处都有死人，不用理会。晚上，悉达多回到家中，宫内唱着悠扬的曲子，人们敲锣打鼓，兴高采烈地庆祝他们的国家后继有人。原来，他在河边洗澡的时候，他的妻子为他生下了一名男婴。可悉达多没有心思分享这份喜悦。他看到死亡的帷布，感受到了人类面临的种种灾难与恐惧。死亡与痛苦噩梦般围绕在他身边，挥之不去。

悉达多半夜醒来，又陷入沉思中。①他找不到解决生存的困难的良方，很难快乐起来。他决定离开亲人，去寻找答案。他悄悄地走进妻子的卧房，看了一眼还在熟睡中的妻儿。随后叫醒忠实的车夫查纳，一起离开了王宫。

那时的印度正在经历翻天覆地的变化。印度人的祖先也就是印度的土著居民，在很多年前被雅利安人征服了。雅利安人为巩固自己的地位，把人民划分成了三六九等，并制定了严酷的种姓制度。②武士和贵族阶层地位最高，其次是祭司，下面是农民和商人。而最原始的土著居民则被无情地划为“贱民”，永远无法翻身。人们信仰的宗教也存在等级制度。圣书《吠陀经》，在当时只有三个级别高一点的种姓才有权阅读，最低种姓的贱民们了解其中内容就是犯法了。教贱民读圣书的贵族或僧侣也将面临最严厉的惩罚。

因此，在印度，绝大多数人都过着极其悲惨的生活，他们也必然会寻找脱离苦海的途径，寻求幸福生活。

在印度神话中，婆罗西摩是生命的创造者，是完

读书笔记

❶正面描写

悉达多具有慈悲的胸怀。他苦苦思索，就是找不到解决生存困难的良方。于是他悄悄告别亲人，走上了探寻之路。

❷解释说明

简单解释了种姓制度。

美的代名词。因此，很多人认为圣洁的思想比圣洁的行动更加崇高，他们模仿婆罗西摩，放弃对金钱和权势的各种欲望，来到荒凉的大漠，以树叶为食，通过幻想婆罗西摩的辉煌、智慧、宽容和仁慈来滋养自己的灵魂。

读书笔记

悉达多观察后决定以他们为榜样，他写了一封诀别信，让他忠实的仆人查纳把随身携带的珠宝和信，转交给他的家人。随后他只身移居沙漠。

不久，山区中流传开悉达多那纯洁行为的名声。有五个年轻人来到那里要拜他为师，悉达多要这五个年轻人以他为榜样方肯答应做他们的老师。这五个年轻人欣然同意了。悉达多带他们来到自己修行的山区，在温迪亚山脉的孤峰间，他用了六年的时间，把自己的智慧全部讲授给了他的学生们。然而短暂的修行生活即将结束时，他感觉自己离完美的境界还差得多。悉达多让他的学生离开，独自一人坐在菩提树下禁食整整四十九个昼夜，冥思苦想。到了第五十天，夜幕降临之时，婆罗西摩亲自对这位忠实的仆人显灵了，从那一刻起，[1]悉达多便被人们尊称为“佛陀”，即救人于悲惨中的“大彻大悟者”。

❶解释说明

写出了悉达多被人们尊称为“佛陀”的原因。

佛陀在公元前488年去世了。在他生命的最后四十五年里，他一直在恒河附近的山谷里宣讲教义。他那宽容的朴实无华的教义已经在印度大地广泛流传，他本人也深受人们的热爱。佛陀布道没有阶层等级之分，适用于所有人，贱民也会说自己是佛陀忠实的信徒。

当然，地位高的贵族、祭司和商人们对这些教义极其不满。一有合适的机会，他们就会鼓励印度人重新信仰婆罗门的古老教义。但佛教并未因此而消失，反而更加流行起来。佛陀的信徒们越高山，渡海洋，把佛教传入了中国和日本。

孔子是中国古代的智者，他的故事要比佛陀简单一些。孔子生于公元前 551 年那个动荡的年代，但他的一生却过得安静、恬淡，充满尊严。那时的中国，还没有一个强大的中央政府，人们只不过是盗贼和奴隶主任意摆布玩弄的牺牲品。各个奴隶主之间相互争夺财富和势力范围，纷争四起，战乱不断。

孔子生性温顺，充满仁爱之心，他反对暴力，也不赞成法制。他坚信，唯一能拯救人们的方法是改变人心，唤起人内心的仁德。为救人于水火之中，孔子投入全部精力，做起这件似乎毫无可能的工作。中国人相信世界上存在妖魔鬼怪，但是他们没有先知，不信奉宗教，也不相信“天启真理”的存在。孔子可能是世界上所有的伟大精神领袖中，唯一一个没有看见过“幻影”、没有宣称过自己是神使、没有宣扬过天堂的人。

他只是一个普通人，知书达理、心怀仁爱，用自己孤独的、心爱的笛子吹出优美的曲调。他从不强迫别人要承认什么，也从来没有要求过任何人追随他、崇拜他，只是踏踏实实地过自己正直的生活，追求崇高的灵魂以及内心的平静与良心的安宁。

孔子宽厚仁慈，虚心好学。他曾经主动拜访老子，

读书笔记

读书笔记

❶解释说明

什么是真正的智慧？孔子给出了答案。

❷对比修辞

把基督教和孔子的哲学思想相比，可见，孔子的思想远远早于基督教。

读书笔记

虚心问道。老子是中国另外一位伟大的思想家，道教学派的开创者。① 孔子教导人们做人要温文尔雅，不因任何事发怒，不对任何人生恨，要接受种种磨难，不怨天尤人。这正是真正的智慧：任何事情对人都是一种磨砺和教化，最终都会以某种方式让人受益。

孔子收徒，没有身份等级限制，主张有教无类。从最初的几个学生，到后来的几千人，公元前478年，有几个中国的国王和王子都公开宣称他们是孔子的信徒。② 当基督刚刚在伯利恒的马槽诞生时，孔子的哲学思想早已深入民心，广为传颂，并一直影响至今。

当然，世界上大部分宗教都在发生翻天覆地的变化，有的甚至背离了初衷。基督教会最初教人们要懂得谦卑、温顺，摒弃世俗的野心和欲望，后世基督教会的首脑却花费大量的金银财宝修建华丽的宫殿。

老子道法自然的思想可谓金律。可没过三个世纪，他便被无知的人们塑造成了一个恐怖的形象，他的全部智慧和思想成为一系列让人担心、害怕和恐怖的东西。

孔子的思想也并不是一直以最初的形态和方式影响着人们。孔子教导学生们要孝顺父母。没多久，他们故意忽视对自己子孙幸福的关注，把对父母的孝顺、对祖先的崇拜演变成为一种正规的宗教仪式。祖先的坟墓建在阳光明媚、土地肥沃的山坡上，为了不打搅祖先，他们即使知道会颗粒无收，也只肯把小麦和水稻种在土壤贫瘠的山坡阴面。祖先的墓地不可亵渎，他们宁可饱受饥荒带来的痛苦。

[1] 孔子的智慧言论也逐渐地深入人心，儒家思想在每个中国人的心灵上涂抹了一层充满哲学常识的色彩，并深深影响着他们的一生，无论是普通百姓，还是掌控广阔领土的统治者。

❶叙述 每个中国人都受到孔子儒家思想的影响，可见其深入人心。

西方世界那些狂热而野蛮的基督徒，在16世纪第一次见到了东方的古老教义，面对佛陀的雕塑和孔子的画像，他们并不知道要向这两位伟大的先知表示最基本的尊重，甚至还把他们看作魔鬼的化身，异教分子的代表。当他们的香料和丝绸贸易受到佛陀或孔子道德的阻碍时，他们采取暴力手段进行攻击。这种思维方式除了制造敌意，并没有任何好处。

精华赏析

雅利安人占领了印度，实行种姓制度，人们痛苦不堪。悉达多为了拯救在苦难中的人们，苦苦探寻良方，最终创立了佛教。孔子是中国著名的教育家、思想家，他的思想至今深入人心。

延伸思考

1. 印度实行的是什么等级制度？

2. 佛教的创始人是谁？

3. 孔子的思想主张是什么？

第三十三章　英国革命

名师导读

英国斯图亚特封建王朝的专制，阻碍了资本主义的发展，人民怨声载道。1638 年，苏格兰人民起义，成为英国资产阶级革命的导火索。让我们一起来了解这段历史吧！

来自北海对岸的入侵者

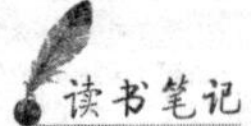

从公元前 55 年恺撒踏入英国，英国开始了被多个民族统治的奴役历史，罗马人、日耳曼人和盎格鲁 - 撒克逊人先后占领了这片土地。11 世纪，甘纽特大帝统治的丹麦将英格兰收入囊中，而在顽强的英格兰人将丹麦人赶出自己的家园之后不久，这片土地又遭到诺曼底的大公威廉的入侵。最后，威廉成功击败最后一任盎格鲁 - 撒克逊国王，成为英格兰的首领。于是英格兰就这样在威廉的统治下慢慢发展壮大。

残暴的都铎王朝

15世纪末，在经历了与法国的百年大战之后，英国逐渐发展成一个强大的中央集权制国家，统治者是都铎王朝残忍的亨利七世，他的残暴统治让无数的英格兰人恐惧。1509年，亨利八世继承王位成为国王，英国在他的统治下日益繁荣，逐渐发展成为一个现代化国家。

①亨利八世是一个不信仰宗教的国王，而他多次不愉快的婚姻也使他和教皇的关系日益恶化。最后，忍无可忍的亨利决定脱离罗马教廷，于是，英国的教会成了欧洲首个真正的“国教”。虽然亨利没有宗教信仰，但他不介意教会帮助他管理他的人民，于是，英格兰都铎王朝变得更加强大，而亨利则向他的人民展示了自己的领导才能。

❶解释说明

写出亨利八世和教皇的关系日益恶化的原因。

1547年，英国失去了他们的国王亨利八世，而担任下一任国王的是亨利年仅十岁的幼子。小国王在位期间，他的监护人帮助他管理国家事务。由于小亨利的监护人是路德虔诚的追随者，他一直致力于新教的发展。但是，十六岁的小亨利不幸去世，支持天主教的小亨利的姐姐玛丽成了英国国王。玛丽是个忠实的天主教徒，这或许是受她的丈夫西班牙国王菲利普二世的影响，于是，她担任国王之后迅速肃清了新“国教”里的新教主教们，她的残忍令她的人民称其为“血腥玛丽”。

伊丽莎白女王时代

1558年是英格兰人看见曙光的一年，这一年“血腥玛丽”去世，著名的伊丽莎白一世女王登上历史舞台。伊丽莎白一世女王是玛丽同父异母的姐妹，她是亨利八世和他的第二个妻子安娜·博林的女儿。与她的父亲亨利八世一样，伊丽莎白一世女王也是一个对宗教不感兴趣的国王。她完美继承了她父亲优秀的领导才能，在她的领导下，英国一路高歌猛进，国力不断增强，同时，伊丽莎白一世的领导才能征服了许多有才能的男性，在她的这群追随者的帮助下，伊丽莎白一世在英国的历史上写下浓墨重彩的一笔。

读书笔记

在伊丽莎白一世四十五年的执政期间，英国并非风平浪静，她不得不时刻提防着她的敌人——斯图亚特王朝的玛丽。玛丽无法忍受伊丽莎白一世如此出色地领导着英国，她总是想方设法地给伊丽莎白一世制造麻烦。作为天主教虔诚的信徒，玛丽十分痛恨没有宗教信仰的伊丽莎白一世，她联合伊丽莎白一世所有的敌人，企图摧毁她的统治。但是，①被仇恨冲昏头脑的玛丽由于在镇压苏格兰的加尔文教徒时采取的手段过于激进，引起了苏格兰人的反抗，愤怒的苏格兰人将玛丽驱赶到了英格兰。仁慈的伊丽莎白一世不计前嫌，收留了玛丽，但是这无法消除玛丽对她的憎恨。在她生活在英格兰的十八年时间里，她绞尽脑汁地想置伊丽莎白一世于死地。最后，在伊丽莎白一世忠诚的顾问的再三劝诫下，她终于决定处决玛丽。

①正面叙述

写出玛丽被愤怒的苏格兰人驱赶到了英格兰。

玛丽在生前给伊丽莎白一世制造了不少麻烦，而她死后依旧不愿放过伊丽莎白一世。1587 年，西班牙在得知苏格兰女王玛丽被伊丽莎白一世处死之后，怒不可遏，于是西班牙国王发动了他传说中的无敌舰队准备攻打英国，为玛丽报仇。英国与荷兰的联合军队打破了菲利普的“无敌舰队”的不败神话，强大的西班牙舰队最终落荒而逃。而这场战争为西班牙的衰败埋下了伏笔。

读书笔记

崛起的英国和荷兰意识到他们的时代即将到来，于是，他们对西班牙在印度和美洲的殖民地展开了争夺。最终，强大的英国称霸了世界，①隶属英国的殖民地遍布在地球的每个角落，英国从此被称为“日不落帝国”。

❶因果联系

英国成为世界上拥有最多殖民地的国家。

伊丽莎白一世为英国的繁荣强大贡献了她所有的聪明才智与汗水，她将她父亲亨利八世的封建专制国家逐渐建设成了一个现代国家。

“外来的”执政者

1603 年，随着七十岁的伊丽莎白一世的离世，詹姆斯一世以亨利七世的曾孙女——伊丽莎白一世的贤侄，同时也是苏格兰女王玛丽的儿子的身份接过了伊丽莎白一世手中的权杖，成为英国国王，开启了斯图亚特王朝。当欧洲的其他国家正为宗教变革不断流血的时候，英国却平和地完成了宗教改革，这对其日后巩固并提高国际地位起到了关键作用。

读书笔记

斯图亚特王朝对英格兰人认为他们是外来人这一想

法从不深究，尽管他们无法像都铎王朝一样被人们爱戴。伊丽莎白一世女王总是在夺取她的人民某些利益的同时回报给她的人民更大的利益，因此，英格兰人总是对女王的一些不合理的行为充耳不闻。

❶对比修辞……介绍了詹姆斯一世国王的情况。

①詹姆斯一世国王自然无法与伊丽莎白一世女王崇高的人格魅力相比，但因为沿袭了女王的政策，他依然得到了人民的支持。所以当詹姆斯不计前嫌愿意与西班牙重建友谊的时候，虽然很多英国人不愿接受，但他们都选择了默默支持他们的国王。

“君权神授”

然而，新的矛盾还是出现了。1625年，查理一世继承王位，和大部分人一样，他相信“君权神授”，认为自己是“上帝之手”，完全按照自己的意愿治理国家。人民丝毫不觉得这种想法有什么不妥，没有人会反对执政者，正如没有人会反对上帝。

读书笔记

路德宗教改革运动的成功，使得人们对“君权神授”这一观念更加深信不疑，许多执政者以新教徒的身份行使教皇的特权，他们以“上帝之手”自居，统治着他们的子民，而他们的子民也像侍奉上帝一样侍奉着他们的统治者。最终，还是有人站出来否定了“君权神授”，他就是英格兰人。

历史总是向前进步，总会出现第一个吃螃蟹的人。1581年，在北尼德兰召开的七省联盟国民议会上，西班牙的菲利普二世成为第一个被废除的统治者。从此以后，“君权神授”受到越来越多人的质疑，日益鼓起的钱包使得人民有勇气站起来反抗君权，寻求权利。相反，在中欧地区，贫穷的人民仍然处于水深火热之中。在那些富可敌国的荷兰、英国商人眼里，看似神圣的君王只不过是他们手中的傀儡，腐朽的封建军队在他们的陆军和海军面前不堪一击，他们坐拥财富，高枕无忧。

读书笔记

尽管"君权神授"的权威受到了质疑，但是查理一世一意孤行，不顾议员的反对解散国会，对人民横征暴敛。很快，他就不得不为自己的行为付出代价——苏格兰长老会教派对他做出了制裁。于是，1640 年 4 月，查理一世只得再次召开国会。[1] 但是失去人民支持的查理一世没能从国会中寻求到帮助，反而议员在国会上对他做出了声讨，眼看事情将要一发不可收拾，查理一世只好解散国会。11 月，英国组建了一个新的国会，新的国会认为英国政府是国会的政府，他们无视国王的命令，并处死了国王的六个首席顾问。最终，新的国会成功从国王手中夺过实权。

❶叙述 写出了查理一世召开国会的结果。

1642 年 1 月，不甘失败的查理一世逃出伦敦后组织他的拥护者卷土重来，企图东山再起。双方展开了激烈的对战。1645 年，在纳西比战役中，奥利弗·克伦威尔将军指挥清教徒组成的"虔诚兵团"打败了查理一世，这场内战最终以国会的胜利而告终。

读书笔记

一波刚平，一波又起。苏格兰的长老会与英国的清教徒因为立场不同而同室操戈。1648 年 8 月，英勇的克伦威尔将军再次取得了胜利，并肃清了议员中清教徒教义反对者。1649 年 1 月 30 日，国王被送上了断头台。

接着，克伦威尔以护国主的身份统治了英国，依旧沿袭伊丽莎白一世女王的政策，英国再次崛起，而英国人民十分期待对西班牙人展开复仇。

封建王朝复辟

读书笔记

1658 年，随着克伦威尔的去世，英国人民从他那令人窒息的统治中解放出来，人民渴望自由。于是，在以放弃“君权神授”这一观念，尊重国会为前提条件的情况下，英国人民重新接纳了流亡的王室。

然而，继承王位的查理二世欺骗了他的人民，他慢慢地减弱清教徒的势力，削弱国会的权力。与此同时，他还以巨大的代价从他的表兄——法国的路易国王处获得了经济独立。查理已经越来越不忌惮国会，一股封建王朝复辟的恐惧弥漫在英国人民的心中。人民不愿内战爆发，但也无法忍受回到那个“君权神授”的社会。

由于不愿爆发内战，国王的拥护者与反抗者——托利党与辉格党对峙了差不多十年而事态却没有得到进一步的发展。他们希望事情能在查理二世离世，新的继承者上位之后得到解决，哪怕继承者是查理二世的弟弟——天主教信徒詹姆斯二世。但是[1]詹姆斯二世却丝毫不忌惮外国人干预本国内政，组建了一支由法国人指挥的常备军，他的这一做法引起了英国人民的强烈不满。于是，当得知詹姆斯还有一个信仰天主教的儿子，而这个儿子将会继承王位的时候，辉格党、托利党七位

❶因果联系

说明詹姆斯二世的做法不得民心。

著名的人士决定联名写信给詹姆斯的女儿玛丽二世的丈夫（即荷兰共和国的首脑威廉三世），邀请他取代詹姆斯二世担任国王。

《权利法案》

1688年11月15日，詹姆斯二世在他女婿的帮助下成功逃到法国，而他的女婿威廉三世则和他的女儿玛丽二世一起担任了英国国王。从此，国会获得了很大的权力，并通过了《权利法案》，极大地限制了国王的权力，英国君主立宪制正式成立。

读书笔记

在威廉三世统治期间，他还首次采用了“责任”内阁的政府体制来治理国家。

内阁的成员是由威廉三世精心挑选出来的。因为威廉三世忙于应付与法国路易国王之间的战争，所以，内阁一直帮助他处理国内事务。之后，继承王位的安妮也同样保留了内阁制。[1]1714年，安妮逝世，由于安妮没有一个孩子幸存下来，于是王位最终由詹姆斯一世的重孙子——汉诺威家族的乔治一世继承了。

❶解释说明

写出因为安妮女王没有子嗣，最终由乔治一世继承了王位。

内阁的权力在乔治一世统治期间得到了前所未有的加强。由于不会英语以及对政治一窍不通，乔治一世几乎不参政，他把所有事务都交给内阁处理。于是内阁对国内的大小事务都有直接处决权。

这种情况一直持续到乔治三世继位前。乔治三世继位后希望从内阁手中收回权力，但由于内阁掌握实权的时间太长，并且内阁在这段时间里不断壮大，乔治三世失败了。自此以后，内阁取代了国王，国王权力被架空。

英国殖民地很多，号称“日不落帝国”。在伊丽莎白一世女王的领导下，英国一路高歌，突飞猛进，国力大大增强。查理一世、查理二世都企图削弱国会权力，结果失败。后来威廉三世继承王位，英国国力继续发展。之后，安妮女王继承王位，由于女王没有子嗣，只好由詹姆斯一世的重孙子乔治一世继位。但由于国会势力日益壮大，国王的权力已经完全被架空。

延伸思考

1. 英国最终是国王的权力大还是国会的权力大?

2. 英国君主立宪制确立的标志是通过了什么法案?

相关链接

文中提到的《权利法案》，全称是《国民权利与自由和王位继承宣言》，是英国资产阶级革命中的重要法律性文件。法案规定国王不经议会同意擅自停止法律执行、擅自征税、征募维持常备军等均为非法。《权利法案》奠定了英国君主立宪政体的理论和法律基础，确立了议会所拥有的权力高于王权，标志着英国建立了君主立宪制，为英国资本主义的发展扫清了障碍。

第三十四章 “权力均衡”的出现

名师导读

在英国，通过艰苦的斗争，国会推翻了君主专制制度，颁布了《权利法案》，对国王的权力进行了制约。而在法国，“君权神授”依然存在，国王掌握着巨大的权力。下面，我们一起来看看法国的君主制是如何被推翻的。

英国成功推翻了专制君权，而法国依然盛行“君权神授”。

读书笔记

作为当时法国的统治者，路易十四是个出色的君主，在他的统治下，法国是欧洲实力最强的国家，这对其他欧洲人民来说是灾难。

路易十四在位期间，牢牢掌握君权，将法国的封建王朝发展到顶峰。[1]举国上下，大小事务全由他一人处理，许多职务大臣无所事事，形同虚设。而法国在路易十四如此强硬的领导下，迅速发展，经济、文化、礼仪和军事都远远超过欧洲其他国家。雄心勃勃的路

❶解释说明 阐述了法国君主制的含义。

读书笔记

易十四显然不满足于此，他在做着一个宏伟的梦——称霸欧洲，成为欧洲霸主。于是，他率领强大的法国军队不断向荷兰发起战争，从 1672 年到 1697 年，法国和荷兰之间数次交火，最终，法国取得了胜利。然而为了得到这场战争的胜利，路易十四付出的代价十分惨痛——法国国库空虚。眼看成为欧洲霸主的梦想即将成真，英国与荷兰的海上联军却狠狠地扇了路易十四一记耳光，硬生生把他从白日梦中扇醒，法国海军失败了。路易十四美梦的破灭让人们意识到，一个国家再怎么强大都无法完成称霸欧洲甚至是全世界的美梦，任何时候都不可以，这已经成为一个国际政治基本原则——“权力均衡”原则。

读书笔记

“权力均衡”原则提出来以后，仿佛成了欧洲各国不成文的规定，为欧洲各国的发展提供了一种平和的氛围。没有哪个统治者再做着称霸欧洲的梦，因为在他们的面前，有太多为这个白日梦付出惨痛代价的白日梦想家，即使路易十四也没能逃过失败的命运。没有了政治上的野心，越来越多的统治者开始将精力集中在经济方面，开始出现一些会精打细算的新型政治家，这种政治家被称为“会计师政治家”，扬·德维特和威廉三世便是这类政治家的杰出代表。

精华赏析

法国国王路易十四牢牢掌握了权力，全国的一切事务都由他一人具体办理。在他的统治之下，法国发动和荷兰的战争，经过二十五年，法国最后取得了胜利。但是法国为战争耗费太多，以致国库空虚，得不偿失。人们认识到称霸欧洲是愚蠢的，于是出现了经济上精打细算的“会计师政治家”。

延伸思考

1. 法国哪个国王想成为欧洲霸主？

2. 法国和荷兰之间的战争打了多少年？

3. 路易十四称霸欧洲的美梦破灭后，国际上出现了一个什么政治基本原则？

相关链接

文中提到的路易十四，是法国的国王，又被誉为“太阳王”。他深受孟德斯鸠和伏尔泰思想的影响，在治理国家方面，能力相当出众。路易十四四岁时就登基即位。统治期间，他整顿扩充兵源，重视重商主义，使法国成为当时欧洲最强大的国家。

第三十五章　从莫斯科公国到俄罗斯帝国

名师导读

俄罗斯是一个有着传奇色彩的大国。其悠久的历史、辽阔的土地、强大的军事力量，以及领导人的个人魅力等，都激发起人们探寻的欲望。其实，俄罗斯帝国是从小小的莫斯科公国一步一步演变而来的。现在，我们就一起通过阅读了解俄罗斯的历史吧！

莫斯科帝国的崛起

莫斯科帝国横空出世，很多欧洲人想揭开它神秘的面纱却都无功而返。

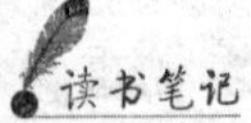

很多人都知道，1492年，哥伦布发现新大陆，在同一时间，舒纳普斯带领他的远征队经过千山万水终于到达了神秘的莫斯科帝国的国境，但是却被原居民拒之门外。

终于在过了六十一年之后，原本想开辟一条通往印度的东北航线的理查德·钱塞勒船长阴差阳错地被大风吹到了德维内河的入海口处，[1]然后幸运地被莫斯科帝国的大公陛下邀请到莫斯科，自此，俄罗斯开始与西方各国有贸易往来，人们对这片土地不再陌生。

❶因果联系 俄罗斯与西方各国产生贸易往来，竟然始于一次意外。

俄罗斯境内有大片的平原，一条条大河流淌在平原上。由于具备这些天然优势，俄罗斯的畜牧业比较发达，居民以游牧民族为主。

纵观整个莫斯科帝国，有一条独特的道路横亘其中。这条路最早被斯堪的纳维亚人发现，它连通了北欧与君士坦丁堡，对俄罗斯与欧洲各国的经济文化交流起着重要的作用。882 年，第一个斯拉夫王国成立，而得知了这个消息的君士坦丁堡的基督传教士们，仿佛发现新大陆一般沿着这条路蜂拥到俄罗斯，并满腔热情地向当地居民传播基督教义，传唱耶稣的故事并孜孜不倦地劝告他们成为耶稣的信徒。很快基督教在俄罗斯散播开来，越来越多的人开始信仰耶稣，接受了拜占庭的宗教艺术文化，而东方气息也经由拜占庭帝国传播到了俄罗斯。

读书笔记

来自蒙古的不速之客

在北欧，如果父亲去世了，那么他的儿子们就可以平分他的遗产，国王也是如此。这就意味着，一个国家如果国王去世了，那么这个国家就会被王子瓜分为几块，长此以往，每个国家的势力不断被细分，国家就会越来越弱小，邻国越来越多，彼此间争端不断。而当他们意识到东方正有一群野心勃勃的征战者对他们虎视眈眈时

读书笔记

读书笔记

已为时已晚。侵略者势如破竹地冲进他们的领地，烧杀抢掠，而他们毫无反击之力。

1224 年，一心想征服到地与海的尽头的成吉思汗在成功征服了布拉哈、塔什干以及土耳其斯坦以后，胸有成竹地带领着他的蒙古兵开始了西部征程。1237 年，来势汹汹的蒙古人踏入广阔的俄罗斯，并且用了不到五年的时间就统治了这片广阔的土地。一直到 1380 年，莫斯科大公——德米特里·顿斯科夫才一雪国耻，将蒙古人赶出了俄罗斯，解放了俄罗斯。

俄罗斯人用了几乎两个世纪的时间才结束了这段被奴役的历史，在这长达两个世纪的悲惨日子里，①俄罗斯人无时无刻不过着战战兢兢的生活。他们犹如丧家犬一样侍奉着蒙古人，时刻担心因为做错事情或者蒙古人心情不好而遭到毒打。他们每天都生活在恐惧中，他们的生活也只剩下恐惧了，恐惧使他们忘了曾经身为俄罗斯人的骄傲与荣誉。

❶比喻修辞

说明当时的俄罗斯人在蒙古人的高压统治之下过着悲惨的亡国奴生活。

逃跑对于他们来说无异于自寻死路，他们无法逃出心狠手辣的蒙古人的视线，空旷的大平原无时无刻不暴露出他们的行踪，他们还没逃多远，蒙古人便骑着马，得意扬扬地追赶着他们，蒙古人仿佛无处不在。于是，②俄罗斯人不得不放弃心中的希望，他们就像生活在暗无天日的牢房里，静静地等待死亡。原本身为近邻，欧洲各国理应向俄罗斯伸出援手，然而，彼时的欧洲内患不断，国家被各种教派的异端分子搅得鸡犬不宁，教皇和皇帝被搞得焦头烂额，他们无暇理会危在旦夕的斯拉

❷比喻修辞

被蒙古侵占之后，对俄罗斯人而言，就像生活在牢房里一样。他们不得不放弃了生活的希望。

夫人。

哪里有压迫，哪里就有反抗。终于，在被蒙古人压迫了许久之后，当初北欧人建立的一个小国——莫斯科公国起来反抗了。在这漫长的悲惨日子里，莫斯科公国一直在蒙古人的淫威下苟延残喘，养精蓄锐，当有足够的力量的时候，他们就毅然决然地站起来反抗，这么多年来积攒在内心的愤怒一瞬间爆发，最终，他们成功了。莫斯科公国成功获得解放，斯拉夫人欢呼雀跃，并归顺了莫斯科公国。1453 年，君士坦丁堡没落。1463 年，莫斯科继承了拜占庭帝国及以君士坦丁堡为首都的罗马帝国。莫斯科公国在伊凡雷帝的统治下迅速崛起，伊凡雷帝称自己为沙皇。

1598 年，鲍里斯·戈东诺夫继位。[①]这个国家虽然有着广阔的土地，但资源无法得到很好的利用，所以人民一直穷困潦倒。幸运的是，统治者意识到了这个问题，并通过不断的变革，使国家逐渐强大起来。到了 17 世纪，俄罗斯的力量已经强大到让其他欧洲国家无法忽视。正如大多数强国都并非死于外患，强大的莫斯科公国在之后的发展中历经了数次变革，动荡不安的国内环境消耗了这个国家太多的精力，以至于这个国家无法缓过来。

读书笔记

❶因果联系

写出了这个国家的人民一直穷困潦倒的原因。

精华赏析

曾经的莫斯科帝国，一直笼罩着神秘的面纱。一位船长在出行印度的途中意外地获得了莫斯科帝国国王的邀请。莫斯科帝国和西方的贸易就此开始了，传教士也接踵而至传播基督教义。后来，蒙古人的铁骑摧毁了莫斯科帝国，俄罗斯人过着战战兢兢的生活。有一天，北欧人建立的莫斯科公国起来反抗，取得了胜利。俄罗斯人也群起反抗蒙古人，并最终归顺了莫斯科公国。

延伸思考

1.莫斯科帝国信仰什么宗教？

2.莫斯科帝国被哪个民族所灭？

3.哪个北欧小国率先起来反抗蒙古人的统治？

相关链接

文中提到的伊凡雷帝（1530—1584），是俄罗斯历史上的第一位沙皇。伊凡雷帝自幼看到贵族们为争权夺利相互厮杀的场景，养成了坚强的意志和冷酷无情的性格。伊凡雷帝口才一流，建立了正规军和沙皇专制，统一了俄罗斯，拓展了疆土，使俄罗斯成为世界强国。

第三十六章　俄国与瑞典的霸主之争

名师导读

16世纪时，瑞典已经是一个以芬兰湾为中心的大国，而且还吞并了丹麦和挪威的一部分领土。俄国想取得波罗的海的出海口，双方不可避免地发生了战争。这场战争，俄国取得了胜利，瑞典则从此衰落下去。下面，就让我们一起来了解“俄国与瑞典的霸主之争”这段历史吧！

俄国与瑞典一直觊觎东北欧霸主的地位，为此，双方一直争持不下，战争不断。

①1698年，当时统治俄国的沙皇彼得一世是一位富有冒险精神的君王，他对大海有着无与伦比的热爱，他认为俄国也应该向宽广的海洋进发。

❶正面叙述

彼得一世是俄国有名的皇帝之一。彼得一世统治期间，俄国实力大增，为以后俄国疆域的进一步扩大奠定了基础。

然而如此富有激情的彼得一世却是与他的人民背离的。当彼得一世正拜访荷兰和英格兰时，他的反叛者却在图谋造反，他们滋事扰乱彼得一世的改革，皇室的卫队斯特莱尔茨骑兵团趁乱造反。于是彼得一世

读书笔记

迫不得已迅速回国平定叛乱，处决了以他的姐姐索菲娅为首的反叛者。但这并不能彻底根除反叛者，很快同样的事情再次发生。1716年，彼得一世患有精神病的儿子阿列克谢趁他前往欧洲的时候发动叛乱，彼得一世再一次狠狠地处决了反叛者。之后叛乱总算平息了，众叛亲离的彼得一世巩固了他的政权，而改革也一直等到彼得一世去世的时候才得以推行。

彼得一世将他的冒险精神充分发挥到改革中，当他发现这个国家正在朝着错误的方向前进的时候，他毅然进行了大刀阔斧的改革，尽管国内一些守旧派一直绞尽脑汁地阻止他，可是他依然坚持贯彻他的改革方针。最后，在他离世的时候，他为改革出了最后一份力气——[1]他留下了一支由二十万训练有素的士兵组成的陆军和一支有五十艘战舰的海军。很快旧势力彻底从俄国消失，国家杜马（老的贵族议会）被参议院取代。

❶解释说明

彼得一世留下了一支训练有素的陆军和一支配备精良的海军，这是俄国后来不断取得胜利的基石。

改革成功进行，俄国面目一新。工业得到发展，许多自然资源得到开发。在交通方面，全国各地都新建了许多道路，交通便利带动了各地区的发展。同时，教育事业也在蓬勃发展，一座座学校拔地而起，其中包括一些高等教育机构、各种类型的职业培训学校、大学。这些教育机构为国家的发展提供了必需的技术人才。国家还建了印刷厂，出版了一系列法典，这些法典对人民的行为做出了明确的规范，一个庞大的法律体系就这样建

读书笔记

立起来了。除此之外，人们的面貌也都焕然一新，原本不修边幅的粗犷的农民经过“修剪”立即蜕变成了一个斯文的西欧人。

宗教对人的思想有着重要的影响，因此在对待宗教问题上，沙皇十分谨慎，一律亲力亲为。为了有效地统一人民的思想，彼得一世对宗教进行了一系列针对性的改革。但是这仍然无法将传统的思想从人们的脑海中清除掉，仍然有一些守旧分子妨碍改革的进行。于是，①为了让俄国变成一个全新的国家，彼得一世决定将国都迁到波罗的海沿岸的沼泽地区。为了让那个荒无人烟的地方能够充满一个国都应有的活力，彼得一世动用了四十多万农民对这片荒地进行改造。

❶因果联系

写出了彼得大帝迁都的目的。

事情总不会如此顺利地进行下去，瑞典决定先发制人，将这座还没建成的城市变成废墟。突如其来的战争再加上沼泽地恶劣的生存环境，无数的农民葬身于此。虽然迁都工程因此受到了阻碍，但是这座城市最终还是如愿建成，并被取名为圣彼得堡。1712 年，俄国正式将国都迁到这里。1725 年，彼得一世离世，当时圣彼得堡已经成为北欧著名的大城市。

俄国的崛起使得它的邻国绷紧了神经，而彼得一世也时刻留意着瑞典的动静。瑞典曾经在查理十世和查理十一世的领导下有过短暂的辉煌，但是不幸却突然降临到这个国家②——1697 年查理十一世病逝，十五岁的查理十二世继任。

❷解释说明

介绍了“不幸”所指的内容。

读书笔记

这对于北欧各国来说无异于天赐良机。俄罗斯、波兰、丹麦以及萨克森迅速结成同盟一起对付瑞典，孤立无援的瑞典顽强应战。在1700年11月的纳尔瓦战役中，机智的查理十二世指挥军队给了彼得一世当头棒击，彼得一世损失惨重。成功击败了俄国军队之后，查理十二世决定乘胜追击，打敌人个措手不及。瑞典反守为攻，主动出击，战火蔓延到了波兰、萨克森、丹麦和波罗的海的大部分地区。这些地区遭受了惨重的破坏，寸草不生。吃了败仗的彼得一世不甘心，他努力调整军队，召集物资，等待时机将瑞典一举击败。

1709年，俄国士兵完成了对瑞典的复仇，波尔塔瓦战役以瑞典的惨败而告终。查理十二世认为这还不是结束，他一次又一次地向俄国展开复仇，最终复仇未果，瑞典一步一步走向灭亡。1718年，查理十二世身亡。1721年，瑞典与北欧各国签订尼斯特兹城和约。在这场东北欧霸主的争夺之中，无疑俄国笑到了最后。而令俄国没有想到的是，[1]它的另一个对手——普鲁士正悄然崛起。

❶解释说明

俄国战胜了瑞典，却又将遇到另一个强悍的对手——普鲁士。

彼得大帝是一位能力出众、富有冒险精神的君主，他曾经化装成平民去北欧各国考察。他的改革决心很大，他严厉处罚了姐姐索菲娅和自己儿子的叛乱，发展工业，发展军事。为了摆脱守旧势力，他毅然迁都到波罗的海沿岸，建立起一个全新的首都。俄国为了出海口与瑞典展开一场恶战，终于拥有了波罗的海的出海口的掌控权。

延伸思考

1. 彼得大帝富有什么精神?

2. 彼得大帝先后镇压了哪两次叛乱?

3. 俄国和瑞典的战争，最终哪个国家获得了胜利?

相关链接

文中提到的圣彼得堡，取名于耶稣的弟子圣徒彼得，始建于1703年，是俄罗斯第二大城市。圣彼得堡在波罗的海沿岸，人口超过百万，是俄罗斯的“北方首都”，1914—1924年称彼得格勒，为纪念列宁，1924年改名为列宁格勒，1991年又恢复原名。

第三十七章　一夜崛起的普鲁士

名师导读

普鲁士位于德意志北部，是当时德意志境内最强大的王国。19世纪时，普鲁士通过三次王朝战争统一了德意志，并在普法战争中打败了法国。普鲁士代表了德国近代精神和文化，也是德国军国主义的来源。下面，我们就一起来了解这个强悍的国家吧！

---

❶正面叙述

经历了查理曼大帝和霍亨索伦家族的统治，勃兰登堡最终发展成了强大的国家。

普鲁士位于日耳曼北部，9世纪，当人们还不把这片贫瘠的土地放在眼里的时候，[1] 查理曼大帝高瞻远瞩，开始大力开发这个荒无人烟的地方。为了保护东部领地，他在边境地区建立了勃兰登堡省，后来勃兰登堡逐渐发展起来。15世纪时，霍亨索伦家族在众贵族中脱颖而出，成为勃兰登堡的选帝侯，在他们的管理下，勃兰登堡这个荒凉之地最终发展成一个强大的国家。

当霍亨索伦家族由一个卑微的家族一跃成为位高

权重的勃兰登堡的选帝侯时，忽然到来的成功并没有让他们忘乎所以，他们不断利用一切机会增强实力，到了17世纪早期，霍亨索伦家族已经成为北日耳曼举足轻重的王侯贵族。

普鲁士能够迅速崛起，得益于它的领导者弗雷德里克·威廉的聪明决策。弗雷德里克是个聪明能干的统治者，他充分发挥人民的作用，[①]在他的国家里，没有人是生而无用的，所有的人各司其职，于是他的国家理所当然地日益壮大。

勤劳能干的普鲁士人深深热爱着他们的国家，他们时刻以国家的利益为主，为国家的建设贡献自己的绵薄之力。想必普鲁士的建国者弗雷德里克大帝的父亲——弗雷德里克·威廉一世一定想不到他一手建立起来的国家竟然会如此深受人民的爱戴，这或许与他的人格魅力不无关系。弗雷德里克·威廉一世是个一丝不苟、生活节俭的军人，在他的眼里，朴素就是美，所有高贵奢华的装饰他都不屑一顾。他还是个严厉的上司，他像要求自己一样要求他的部下，他认为一个军人无论如何都不应该展示出他的软弱。而弗雷德里克·威廉却是一个与他父亲全然相反的人，在他父亲眼里，热衷于法国礼仪，钟情文学、哲学以及音乐等这些行为不是一个堂堂男子汉应该有的表现。于是，在爆发数次冲突仍然无法相互理解之后，弗雷德里克·威廉被流放到一个遥远的地方学习如何成为一个合格的统治者。弗雷德里克·威廉能够成为一个出色

①解释说明

普鲁士的强大，除了有杰出的领袖，还与普鲁士人对国家的热爱、普鲁士人的勤劳能干分不开。

读书笔记

读书笔记

的君主全都得益于他父亲对他的塑造，而他的父亲也间接成就了普鲁士的强大。

在弗雷德里克·威廉的著作《反马基雅维利》里，弗雷德里克·威廉称自己为人民忠实的公仆，而他也确实无时无刻不为他的人民着想，为了他的人民，他日理万机，从来不感到厌倦。但是，在他的潜意识里，他把普鲁士私有化了，国内外的大小事务他全揽在身，他的臣民无法参与到决策中，国家未能全照着他的意愿运行。

1740 年，奥地利的皇帝查理六世去世不久，普鲁士就侵占了这个被悲伤笼罩的国家。这为欧洲的其他国家敲响了警钟，他们万万没想到曾经任人蹂躏的日耳曼如今竟会如此强大。[①] 普鲁士的强大并非没有缘由。杰出的统治者再加上团结一致的人民，普鲁士向欧洲各国展示了它顽强的生命力，它的社会面貌焕然一新，它逐渐建立了健全的法律体系，交通、教育和经济等事业全面发展。然而，普鲁士的发展重心仍然是军事，他们把大部分的金钱和精力投入军事建设中，他们收到的回报也是巨大的。

❶解释说明

普鲁士，这个曾经备受摧残的国家，现在竟然如此强大，引起了欧洲其他国家的警惕和强烈关注。

普鲁士在弗雷德里克·威廉的统治下一跃成为强国，可以不用再忍受法国、奥地利、瑞典、丹麦以及波兰各国的欺凌，他们重新找回了身为德国人的尊严。[②] 尽管造就了普鲁士的辉煌，可是弗雷德里克·威廉的晚景却十分凄凉。无依无靠的他去世的时候陪在他身边的仅是一个仆人和几条狗。

❷对比修辞

写出弗雷德里克·威廉晚景凄凉。前后对比，令人唏嘘。

精华赏析

普鲁士在德意志的北部，曾经是一个蛮荒之地。因为查理曼大帝高瞻远瞩，又有霍亨索伦家族精心治理，威廉一世强悍的军人作风，以及普鲁士人对祖国的深深热爱和勤劳能干等，普鲁士日渐强大，成为威震一方的强国。

延伸思考

1. 普鲁士发达之前是一个什么样的地方？
2. 在普鲁士日渐强大的过程中，哪个家族发挥了巨大的作用？
3. 普鲁士哪个皇帝的改革，使得普鲁士人都有机会为国家效力？

相关链接

本章中的弗雷德里克·威廉一世，又叫弗雷德里克大帝。他埋头苦干，节俭勤勉，恪尽职守。弗雷德里克大帝对自己要求很严，对下属的要求同样严格。同时，他非常自信，对其他的邻邦带有天生的蔑视。弗雷德里克大帝具有冷酷的军人气质，这也是日耳曼军人气质的滥觞。

第三十八章　美国独立战争

名师导读

今天的美国，全称是美利坚合众国，是当今世界上的超级大国。但是，大家知道吗，北美曾经是英国的殖民地。后来，北美人民在华盛顿的领导下，通过艰苦的战争，最终打败了英国，建立了美国。华盛顿被称为“美国国父”。下面，就让我们一起来了解这个神秘的国度吧。

法国与英国的竞争

在欧洲，商人掌握着国家的发展命脉，统治者必须依靠商人的支持才能维护他们的统治。商人的野心绝对不弱于政治家的野心。[①]为了满足商人的野心，夺取更大的利益，维持国家的发展，许多欧洲国家开始组建探索家船队开辟新的海上航路，不断向外扩张。

①解释说明　写出了欧洲很多国家不断开辟新的海上航线向外扩张的原因。殖民国家的发展史，在一定程度上也是一部掠夺史。

最初，极具冒险精神的西班牙人和葡萄牙人一直致力于探索印度洋和太平洋，但是，过了一百多年之后，英国人和荷兰人后来居上，这场殖民地的争夺战越来越激烈，其中的利益吸引了越来越多的冒险家。由于没有经验，最先开始殖民扩张的西班牙人和葡萄牙人显得举步维艰，虽然最后他们成功了，但是英国人和荷兰人借鉴他们的经验迅速赶上了最先开始扩张的他们。他们的成功无疑为英国人和荷兰人开辟了捷径。西班牙人和葡萄牙人到达亚洲、美洲、非洲之后，对当地的原住居民烧杀抢掠，无情地压榨他们。①但是英国人和荷兰人却不一样，他们在经营殖民地的同时还不忘向原住居民传播宗教思想，跟野蛮的西班牙人和葡萄牙人相比，他们显得亲切多了，毕竟他们的目的只是想要得到香料、金银以及税收。

❶对比修辞

英国和荷兰的殖民做法虽然相对温和一些，但是掩盖不了殖民掠夺的本质。

很快，英国人和荷兰人就将世界上资源最丰富的地区变成了自己的殖民地。但是，侵略者之间从来不存在和平的竞争。很快双方就因为争夺殖民地爆发了战争，当然，为了保护他们宝贵的殖民地，他们决定在海上开战，最终，这场战争以英国的胜利告终，越来越多的殖民地落入英国人手中。②英国的殖民地几乎遍布全球，以至于一整天中英国总有一片土地沐浴着阳光，于是英国又被称为“日不落帝国”。

❷解释说明

英国打败了其他主要的殖民国家，获得的殖民地几乎遍布全世界。

关于殖民地的争夺从来都不会停止，在英国和法国之间这样的战争就发生过很多次。这两个贪婪的国家都想将辽阔的北美大陆据为己有，他们先后在北美大陆上竖立起他们的国旗，试图以此证明北美大陆是属于他们的。理所当然地，双方都不会轻易买账，于是战争不可避免。

17 世纪时，英国的新教徒和贵格会教徒在缅因州和卡罗林纳之间建立了十个小规模的殖民地，同时，他们还在沿海地区建立许多小型的拓荒者社区来接纳遭到迫害的人们。这些遭到迫害的人在这里自由地生活，对这些悲惨的人来说，这里无疑是他们的避风港。

读书笔记

相反地，法国的殖民地体会不到这种自由。为了维持对殖民地的统治，保证耶稣会传教士的传教工作顺利进行，国王一直对殖民地严格管理，胡格诺教徒和新教徒无法进入殖民地传播他们的教义。身处于国王的严密监管下让本身就习惯享受的法国人感到无比煎熬，他们迫切希望能够回到温馨的家乡自由地生活。而英国的殖民地则展示了其蓬勃的活力。

在争夺殖民地方面，法国显然做得比英国成功。16 世纪，法国努力探索北美大陆，最后终于发现了圣劳伦斯河口，接着他们一路南下，在密西西比和墨西哥湾等地区建立起了许多交通要塞，这些要塞连起来构成一道防线，将英国大西洋沿岸的殖民地排挤在北美大陆的门外。

[1] 早在这之前，英国给殖民公司颁发了一份土地许可证，承诺将北美从东岸到西岸的所有土地赠与殖民公司。然而法国的要塞阻断了英国通往北美大陆的路线，这就意味着，这份土地许可证将成为一纸空文。想要打开这道防线，英国必须付出惨痛的代价。战争是不可避免的。

❶解释说明

英国、法国，这两个老牌的资本主义国家，为了北美地区的殖民利益，势必发生激烈的战争。

倘若英格兰的统治阶级是斯图亚特王朝，那么英法两国会是很好的近邻，毕竟英国要想建立君主专制需要波旁王朝的协助。但是偏偏威廉继承了英国的王位，早在威廉统治荷兰的时候，路易十四就对威廉恨之入骨。于是两国关于殖民地的争端无法和平解决，并且早在印度和北美殖民地的争夺中，英国和法国就已经兵刃相向。

读书笔记

在以往与法国的交战中，强大的英国海军总是大获全胜，这次也不例外。于是，战败的法国只好眼睁睁地将自己的殖民地拱手让给英国，自此整个北美大陆全都成为英国的殖民地，卡蒂兰、尚普林、拉塞里、马奎特等许多法国探险家的劳动果实就这样被英国蚕食。

颁布《独立宣言》

读书笔记

虽然英国拥有了北美大陆的大片殖民地，但是统治者与殖民者之间却存在着许多矛盾。殖民者中的大部分是虔诚的清真教徒，他们对英国的国教或是荷兰的加尔文教义中所提倡的幸福不屑一顾。他们与安逸地生活在家乡的同胞们完全不同，他们完全展现了他们先辈拓荒者的精神，在这片土地上辛勤劳作。他们先辈吃苦耐劳、克勤克俭的精神早已融入他们的骨子里。这里的生存环境是国内那些贪图享乐的人无法想象的。然而，如此辛苦的殖民者却还要遭受那些等闲之辈的欺压，①他们仿佛是扯线木偶，受那些整日无所事事的统治者的摆布。渐渐地，统治者越来越苛刻，变本加厉地压迫

❶比喻修辞

写出了北美最初的殖民者的生活。

读书笔记

殖民者，而殖民者感到越来越愤怒，于是双方的矛盾与日俱增。

如果统治者足够聪明，及时意识到事态的严重性，那么双方仍然可以相安无事。但是，事情愈演愈烈，当矛盾发展到不可调和的地步的时候，殖民者奋起反抗。他们无法继续忍受政府的无理压迫，被逼得走投无路的他们只好拿起武器，哪怕是作为一个反叛者被处死也在所不惜。但是把生死置之度外的反叛者始终敌不过强大的英国政府。英国雇用了许多德国士兵镇压殖民者，双方交战的时间长达七年。在这七年时间里，殖民者面对着强大的德国雇佣兵，感到希望渺茫。并且当时的殖民者中充斥着许多不同的声音，原本生活在城市里的安逸的居民无法忍受战争，他们想要放弃抵抗，重新投入国王的怀抱。但是华盛顿仍然坚持战斗，许多殖民者愿意追随着他，对他们来说，华盛顿宛如救世主。

读书笔记

华盛顿就这样带领着这群殖民者与强大的英国政府对抗。他们没有优良的装备，甚至连保暖的衣物都没有，在寒冷的冬天，他们只能蜷缩在阴冷的壕沟里瑟瑟发抖；但是他们有着坚定的信念以及不屈的意志，好几次他们都被英国政府逼入绝境，但是机智的华盛顿总能想出对策，化险为夷。最终，华盛顿带领他的追随者走向了胜利。

①华盛顿的聪明才智不仅表现在战争策略中，他在外交方面同样能够取得成功。他在拜访法国时成功

❶并列

写出了华盛顿的聪明才智。

取得了法国政府的信任，阿姆斯特丹的银行家本杰明·富兰克林被他的人格魅力折服。在华盛顿的带领下，人们有理由相信会取得胜利，于是，1776年，在费城，来自不同北美殖民地的殖民者代表们聚在一起为即将到来的一场恶战做准备。当时，英国调运大量战斗物资到北美企图镇压反抗者，而且英国的势力遍布北美。然而，种种艰难险阻都不足以使渴望自由的殖民者们退缩。

读书笔记

1776年6月，殖民者代表召开大陆会议，会议上，弗吉尼亚的理查德·亨利·李义正词严地说："联合起来的殖民地有权成为自由并且独立的州，它们可以不对英国的王室尽忠，因此，它们与大不列颠帝国的所有政治联系也应该取消。"之后，托马斯·杰斐逊提笔写了一份面向英国、面向欧洲、面向全世界的宣言——《独立宣言》，并于7月4日在大陆会议上正式颁发。

读书笔记

最终，这场长达七年的殖民者与统治者的战争落下帷幕，殖民者成功击败统治者从而获得了独立，并建立了美利坚合众国。1787年，美国颁布《美利坚合众国宪法》，这是美国第一部成文宪法。

美国通过独立战争向全世界人民传递了一个讯息：所有看似不可能成功的事情都有一定的可能性。有一位诗人曾经如此评价美国的独立战争："揭开列克星顿战争的枪声传到了世界上每一个角落。"这看似夸张的说法充分体现了美国独立战争所带来的影响，一些欧洲国

读书笔记

家已经开始不安分了，渴望改变的积极分子正在蠢蠢欲动。

精华赏析

英国打败了荷兰等其他主要殖民国家，殖民地几乎遍布全球，因此英国号称“日不落帝国”。在北美，英国同样拥有广袤的殖民地。英国统治者残酷压榨殖民地的人们，激起了北美人民的愤怒。于是在华盛顿的领导下，北美人民奋勇抗争，最终打败了英国，颁布了宪法，建立了美利坚合众国。

延伸思考

1. 在什么地方打响了北美人民抗击英国殖民统治的第一枪？
2. 美国的“国父”是谁？
3. 美国的全称是什么？

相关链接

文中提到的华盛顿，是美国杰出的资产阶级政治家、军事家。在美国独立战争时任大陆军总司令，率领北美人民取得了抗击英国殖民统治战争的胜利，建立了美利坚合众国，颁布了美国宪法。1789年担任美国第一任总统，被人们尊称为“美国国父”。

第三十九章　法国大革命

名师导读

法国大革命，是指1789年7月14日至1794年7月27日在法国爆发的革命。波旁王朝被推翻，君主制瓦解。天赋人权、三权分立的新思想、新观念逐渐代替了旧思想、旧观念。法国大革命轰轰烈烈，影响了全世界。就让我们一起来了解一下吧！

糜烂的凡尔赛宫

一位著名的俄国作家对“革命”做出这样的定义：①“革命，就是在短暂的几年里，迅速而猛烈地推翻以前社会那根深蒂固的旧制度。这些制度曾经是那么合理、那么坚定，即便是最大胆的改革者也不敢轻易攻击它。然而，只要经过一次革命，那些原有的社会、宗教、政治和经济的坚实根基，在短时间内就会消失。”法国历史上就发生过这样的革命。

❶解释说明

什么叫革命？革命的威力如何？这里给了我们比较形象的说明。

路易十四在位期间，法国的专制统治发展到顶峰，国王集所有的权力于一身，而贵族阶级则成了无所事事的“蛀米虫”，他们被国王剥夺了权力从而无须为国家背负任何责任，只需在凡尔赛宫廷过着轻奢的生活。

❶因果联系　写出了农民反抗政府的原因。

[1]18世纪，法国政府对人民横征暴敛，以此来供养毫无作为的贵族和一些神职人员。终日无所事事的贵族光鲜亮丽，而努力工作的农民却穷困潦倒，饥寒交迫，食不果腹，衣不遮体。他们仿佛不是为了自己而是为了那群贵族辛勤劳作，他们的劳动成果绝大部分都落入政府的手中。每当农作物收成好的时候，政府就故意调高税收，长此以往，农民的劳动热情慢慢消失殆尽，他们决定放下手中的耕种工具，反抗政府。

腐败的政府将他的人民置于水深火热之中不管不顾，他们一味地压榨农民，以此来维持他们奢靡的贵族生活。许多富有的中产阶级想要踏入这种所谓的上流社会中，他们通过与某些穷困潦倒的贵族联姻，给予他们物资上的帮助，从而接触上流社会。他们住在华丽的宫廷，整天出入各种聚会，结交各种各样上流社会的人。他们认为这是一种高尚的生活方式，实则浪费时间。

读书笔记

人总会对每天都接触的事物感到厌倦，正如油腻的食物吃多了也会怀念蔬菜的味道。或许是已经厌恶这种灯红酒绿的生活，这群自诩拥有高尚情操的人突然生出返璞归真的想法，他们也想像浪漫的诗人一样过着自由的田园生活。于是，为了离群索居，路易十四在远离巴黎的郊区建了一座华丽的宫殿，结果就有了一群王侯将相穿着朴素，在简陋的乡村小屋里伴随着音乐翩翩起舞的画面。然而，他们并非真真正正地过着浪漫的田园生活，毕竟他们没有日出而作，日落而息，他们只是顶着由宫廷理发师精心设计的朴素发型，在宫廷乐师的伴奏下欢快地跳着舞。兴许是跳舞跳累了，他们坐在凡尔赛宫讨论着一些与他们的生活相差十万八千里的事情，但他们永远体会不到真正过着田园生活的劳动人民的辛苦。

读书笔记

来自文人墨客的抨击

虚伪的皇室贵族引起了许多作家的不满，他们奋笔疾书，写了许多讽刺政府的著作。①伏尔泰是这群作家的杰出代表，他疾恶如仇，同情穷苦的劳动人民。他对政府一方面对农民巧取豪夺，另一方面又过着奢侈、铺张浪费的生活这种恶行感到深恶痛绝。他创作了许多小说、戏剧来抨击腐败的政府，这些作品深受人们的喜爱，②以至于每当他的戏剧上演时，剧院都座无虚席，还有许多人站着看完。卢梭则通过创作一些饱含当时人民美好寄托的作品而深受人们的欢迎，他画的一幅原始人自由生活的油画让人们不胜神往，他的《社会契约论》所提倡的“重新返回主权在民、国王只是人民公仆的幸福时代”同样是人民心中的渴望。卢梭的作品完美地反映了当时人民的美好愿望。

❶解释说明

对伏尔泰进行了简单的介绍。

❷解释说明

解释了伏尔泰和卢梭的作品受到广泛欢迎的原因。

与伏尔泰、卢梭并称“法兰西启蒙运动三剑侠”的孟德斯鸠出身贵族，自幼受过良好教育，是一位百科全

读书笔记

书式的学者。他创作的《波斯人信札》通过描绘两个波斯人漫游法国的故事，揭露和抨击了封建社会的罪恶。他用讽刺的笔调，勾画出法国上流社会中形形色色人物的嘴脸，如荒淫无耻的教士、夸夸其谈的沙龙绅士、傲慢无知的名门权贵、在政治舞台上穿针引线的荡妇等。书中还表达了对路易十四的憎恨，说法国比东方更专制。这部书受到了普遍欢迎。1748 年，孟德斯鸠最重要的也是影响最大的著作《论法的精神》出版。这是一部综合性的政治学著作。这部书受到极大的欢迎，两年中就印行了二十二版。孟德斯鸠反对神学，提倡科学，但又不是一个无神论者和唯物主义者，孟德斯鸠是一名自然神论者。孟德斯鸠最重要的贡献是对资产阶级的国家和法的学说做出了卓越贡献，孟德斯鸠在洛克分权思想的基础上明确提出了“三权分立”学说；孟德斯鸠特别强调法的功能，认为法律是理性的体现。法又分为自然法和人为法两类：自然法是人类社会建立以前就存在的规律，那时候人类处于平等状态；人为法又有政治法和民法等。孟德斯鸠的启蒙思想对当时的人们有着深远的影响。

❶解释说明

解释了法国大革命的策划者其实是中产阶级的专业分子。

① 从表面上看，法国大革命是由一群不堪忍受政府暴政的农民发起的，其实不然，这场革命的策划者是那些中产阶级的专业分子，他们与这群愤怒的劳动人民为伍，领导他们与强大的政府对抗，最终星星之火成了燎原之势。

法国大革命经历了两个阶段。1789 年到 1791 年这三年为第一阶段，在这一阶段中，法国人尝试在法国建立君主立宪制，但是习惯掌握权势的国王不愿妥协，于是第一阶段失败了；接着1792年到1794年革命进入第二阶段，在这一阶段，法兰西废除中央集权制，改为民主专政制，法国初步确立了共和国的政治体制。

法国的财政大臣

①法国政府不知节制的开销造成的财政空洞无法通过税收得到弥补，渐渐地，法国政府越来越贫穷，不得不向外国寻求帮助。结果法国背负了四十亿法郎的恐怖债务而情况丝毫得不到改善。迫不得已，法国政府只好任命安·罗伯特·雅克·蒂尔戈为国家首席财政大臣。安·罗伯特·雅克·蒂尔戈是一个优秀的政治经济学家，但是临危受命的他即使发挥浑身解数也无法挽狂澜于既倒，扶大厦之将倾。于是，别无他法的安·罗伯特·雅克·蒂尔戈只好寄期望于贵族和神职人员，希望他们能为国家分担经济压力。因此，贵族和神职人员对他恨之入骨，甚至连王后都无法理解这位财政大臣。最后，安·罗伯特·雅克·蒂尔戈被扣上“不切实际的幻想家”“理论教授”等类似的帽子，直到1776年，不堪重负的他只好离开了凡尔赛宫。

安·罗伯特·雅克·蒂尔戈辞去官职之后，国王又重新任命了一位财政大臣②——一个叫作内克尔的瑞士商人。内克尔原本是一个本分的粮食商人，后来通过与朋友合资开了一间国际银行而致富。他本对政治经济一窍不通，却在妻子的威逼利诱下担任了国王的财政大臣，而他的女儿也得以嫁给瑞士驻巴黎的大使——德·斯特

❶因果联系

写出了法国政府财政空洞的后果。

❷解释说明

由一个外国的不懂政治经济的商人做法国的财政大臣，说明了专制统治的荒淫无耻。

尔男爵。

内克尔上任之后并没有为法国带来多大的变化，最终他落得和蒂尔戈一样的命运。1781 年，法国和北美殖民地的殖民者达成共识，路易十六决定派兵援助殖民者，与殖民者一起对抗他最痛恨的英国。但是跨洋远征所需要的资金远远超出路易国王的想象，于是他命令他的财政大臣无论如何都要筹备好这笔军资。就连出色的政治经济学家蒂尔戈都无法解决的财政问题，内克尔也是一筹莫展。最后，他只向国王呈交了一份写满大量统计结果和枯燥数字的报告而不是国王想要的资金，并且内克尔还跟国王说了上一位财政大臣说过的话："节俭。"国王认为内克尔和蒂尔戈一样无能，于是辞退了内克尔。

国王始终认为财政问题无法得到解决纯粹是因为内克尔和蒂尔戈无能，于是，他又任命了一位新的财政大臣查理·亚历山大·德·卡洛纳。这位新上任的财政大臣信誓旦旦地跟国王说，他已经想出了解决问题的完美对策，只要按照他的对策执行，不仅财政问题能够得到解决，每个月还能够赢利。[①]实际上，卡洛纳只不过是为了满足私欲而并非有什么完美对策，善于察言观色的他总是尽力讨好巴结权贵，这使得他深得国王的信任。然而，卡洛纳上任之后所做的事情却严重损害了法国的利益，他一味地向外国借债，在他上任不到三年的时间里，法国的外债就增加了八亿法郎。他不但不为此感到担忧，反而对国王和王后有求必应，国王和王后也因为有了财政大臣帮他们管理

读书笔记

①正面描写 这里揭露了这位新任财政大臣丑陋的嘴脸。

财政，花费更加不知节制。

将这一切看在眼里的巴黎议会实在忍无可忍了，他们认为如果再不对国王加以劝阻，法国将土崩瓦解。当时，法国濒临破产，农民食不果腹，衣不遮体，再加上农作物收成不好，饥荒在法国乡村肆虐，人心惶惶。但是卡洛纳却对农民的痛苦视而不见，他此时正准备再为法国添加一笔八千万法郎的债务。不知道事态严重的国王依旧乐观，他相信卡洛纳会帮他解决财政上的问题。

读书笔记

最后，由于无法忍受人民的怨声载道，1787年，全国的贵族响应国王的号召聚在一起召开了一场集会，他们讨论着如何解决劳动阶级的温饱问题，然而一直无法得出对策。① 因为这些虚伪的贵族不愿放弃他们的特权，而这次集会只不过是为了敷衍灾民的举措。但是，饥寒交迫的人民显然不会善罢甘休，他们希望内克尔能够重新担任财政大臣，但是这个要求遭到了贵族的反对。于是，忍无可忍的农民开始暴动了，这是贵族们始料不及的，他们吓得仓皇逃窜。最终，卡洛纳被迫下台。

❶因果联系

充分揭露了法国贵族盘剥人民的反动本质。

于是，国王又重新任命了一位财政大臣——洛梅尼·德·布里昂纳。同时，国王也不得不答应暴动的人民的要求，他承诺会“尽量可行地”立刻召开三级会议。

久违的三级会议

在法国历史上，这样大范围的饥荒是前所未有的，而灾难也如同约好一般接踵而来。② 洪水、霜冻同时光

❷解释说明

洪水、霜冻和成千上万的难民，再加上路易十六专制统治的腐朽，此时的法国人民生活在水深火热中。

临了这个悲惨的国家，农田里的作物淹死的淹死，冻坏的冻坏。尽管有几个富有的中产阶级自发地捐助这些难民，但是成千上万的难民只靠几个富有的人的帮助是远远不够的，饥不择食的难民们为了得到粮食甚至引发了冲突，就连士兵也对国家失去了信任。路易十六不知所措，这些事情远远超出了他的能力范围。

读书笔记

受到美国独立战争的影响，外省的许多地方已经开始搞独立，而中产阶级中也出现了一些不和谐的声音——“没有代表权就拒不缴税”。局势变得无法控制。于是，为了平定群众的情绪，法国政府提出了一个让人意想不到的举措——取消了异常严格的出版审查制度。这直接导致印刷行业出现“井喷”现象，许多带有抨击意味的印刷品一时间在群众中间流传开来，人们不停地出版一些嘲讽谩骂的印刷品。最终，洛梅尼·德·布里昂纳被舆论推下台，而内克尔则在人们的呼声中再次登上历史舞台，继续担任法国的财政大臣。内克尔的回归暂时平定了人们的情绪，人们愿意相信内克尔，愿意再多给政府一点时间。他们将所有希望寄托在内克尔的身上。终于，1614 年被解散的三级会议在 1789 年 5 月重新召开。

所有的人都相信这次会议结束之后，法国的发展会重新步入正轨，毕竟参加这次会议的成员全都是一群被认为是才能出众的智者，人们相信这次会议一定会为法国带来曙光。当时，这种理所当然的想法是极端错误的，每个人都觉得事情会在这次会议之后迎刃而解，包括参加会议的智者和内克尔，于是没有人竭尽所能，而内克

读书笔记

尔也没有抓住机会取得职权。于是，会议失败了，梦想破灭的人民再次暴动，人们在“法国应该朝着什么方向前进”的问题上迫切渴望找到答案。农民在某些中产阶级的带领下发动了武力反抗。

在暴动的威胁下，政府再次妥协，内克尔承诺增加他们的权利，使他们在三级会议中拥有双倍名额的代表权。之后，西厄耶神甫出版了一本充分反映当时人民心中的美好祝愿的书——《何为第三等级》。他在书中说，①曾经的中产阶级没有任何权利，但是现在作为这个国家的第三等级，他们应该代表一切，他们必须为获得应有的权利而斗争。

❶解释说明

何为第三等级？实际上，第三等级就是中产阶级，他们应该拥有自己的权利。

最终，参加三级会议的成员的选举结果出来了，其中包括三百零八名神职人员代表、二百八十五名贵族代表以及六百二十一名第三等级代表。会议在凡尔赛宫中召开，第三等级的代表带着一篇表达第三等级人民愤怒的报告出席了会议。这是一场决定法国命运的关键会议。

但是，会议并没有顺利进行。1789 年 5 月 5 日，三级会议正式在凡尔赛宫举行，但是国王却将三个等级的代表分在三个不同的房间里举行会议，并且神职人员和贵族们还公然对外宣称他们的权利必须得到保护。这无疑让第三等级的代表们感到非常愤怒。1789 年 6 月 20 日，第三等级代表在一个临时搭建的网球场上发表抗议，他们认为国王将三个等级的代表安排在不同的房间进行会议的行为是不恰当的，只有三个等级的代表置身于同一个房间才能保证会议正常进行下去，因此他们

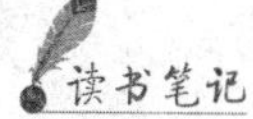

拒绝服从安排。国王被逼无奈，只好再次妥协。

三级会议是全国性的会议，三个等级的代表在会议上分析了法国的政治体制存在的问题，认为制度上的问题是这个国家的病源，应该废除中央集权制。①这遭到了路易十六的强烈反对，愤怒的国王最后将这一问题置之不理。但是水能载舟亦能覆舟，执拗的国王始终无法对抗全国人民。于是，路易十六最终被推上断头台。

❶转折　点出路易十六被推上断头台，是因为他逆流而动，企图阻挡历史的前进。

《人权宣言》

②不明所以的国王直到被推上断头台都不敢相信眼前的一切。的确，仁慈的路易十六不曾做过危害他的人民的事情，他到死都觉得自己是一个开明的君主，他不应该落得如此下场。他认为自己被他深爱的人民背叛了。政治嗅觉迟钝的他不知道眼前的一切是如何发生的。

❷心理描写　新兴的资产阶级革命时代已经到来，必将摧毁腐朽的封建专制统治。

历史不存在如果，这一切已经成为既定的事实。路易十六的死并不只是因为他的仁慈。就算路易十六是个坚强的国王，但是在高度中央集权制的法国，国王就是政府，政府也代表着国王。即使路易十六是个出色的统治者，拥有敏锐的政治嗅觉和超强的军事能力，也无法保证他不会因为其他因素而走向死亡。在那个动荡不安、瞬息万变的时代，他的妻子就好像埋在他身边的不定时炸弹。出身皇室的王后玛丽·安托瓦内特由于从小过着养尊处优的生活，她的某些任性的行为随时都可能给路易十六带来灾难。

读书笔记

在三级会议上所得出的结论让王后大发雷霆，她觉得不能就这样坐视不理，于是任意妄为的她决定上演一场反革命的戏码。首先，她罢免了内克尔的官职，然后她秘密向国王的护卫队发布了一条进攻巴黎的命令。然而她的所作所为无法逃过人民的眼睛。很快人民发现了王后的阴谋，怒不可遏的人民决定给政府痛击以表达他们的愤怒，他们把目标放在了象征封建君主专制的巴士底狱。意识到即将大难临头的贵族们仓皇逃离法国，只留下反应迟钝的国王。丝毫没有察觉到危险即将来临的国王依旧优哉游哉地外出打猎，当他怀着满载而归的喜悦心情回到凡尔赛宫的时候，巴士底狱已经被攻陷。

巴士底狱被攻占意味着法国封建王朝的终结。1789年8月4日，取得胜利的人民召开了国民议会，会议否定了王室贵族们的特权。对国王依旧忠诚的人民想在法国建立君主立宪制，8月27日，国民议会通过并发表了法国第一部宪法的序言[1]——《人权宣言》。但是，愚蠢的路易十六显然还不清楚人民的力量，他企图带领他的拥护者反扑，但是人们没让国王得逞。10月5日，再次发动暴动的人民将国王囚禁在凡尔赛宫，切断了他与外界的所有联系。

革命在有条不紊地进行，直到1791年9月，法国终于有了它的第一部宪法。立法工作继续进行，10月1日，法国再次召开立法会议，雅各宾党在会议中相当活跃。但是欧洲的其他封建专制的国家不希望看到资产阶级获得胜利。他们企图打击革命者的气焰，拯救法国的

读书笔记

❶解释说明

《人权和公民权宣言》，简称《人权宣言》，是法国第一部宪法的序言，也是人民权利得到保障的根本性文件。

封建王朝。

人民意识到只要国王还存在，那封建王朝就会有复辟的可能。于是，人们决定处决国王。人们将杜伊勒里宫团团围住，向国王发起最后的抗争。然而国王忠诚的护卫队誓死保护国王，群众进攻的步伐受到阻碍。由于一直没有办法攻破护卫队的防线，人们心生退意。但是就在这个时候，仁慈的国王不忍心看到他的人民因为他而继续受到伤害，于是他放弃了抵抗。于是人民抓住了国王。1792年9月，新成立的国民公会判处国王死刑。1793年1月21日，路易十六被处决。

读书笔记

[1]国王的死并没有阻止革命继续流血，吉伦特党人成了下一个受害者。残忍的雅各宾党将吉伦特党人赶尽杀绝。1793年10月，雅各宾党宣称为了确保革命成功，肃清国内反革命势力，将暂时限制宪法的功能。一场血腥的大屠杀拉开序幕，无数无辜的人民惨遭杀害，尸横遍野。

❶正面描写

雅各宾派为肃清反革命势力，采取了过激的手段。

1794年6月27日，黎明终于到来，肃清反革命分子的行动终于结束了，整天提心吊胆的人民终于松了一口气，法国的封建统治宣告终结，历史迈向崭新的篇章。

1799年，拿破仑·波拿巴登上历史舞台。他发动“雾月政变”，成功从督政府中夺取政权。这位军事奇才使欧洲的局势发生了翻天覆地的变化。

注释

提心吊胆：形容十分担心或害怕。

精华赏析

路易十六代表的专制政府不知节制，财政出现了巨大的亏空，频频更换财政大臣也无济于事。焦头烂额之下，中产阶级要求召开三级会议，废除中央集权制，引起了路易十六的强烈反对。最终，愤怒的群众攻占了巴士底狱，路易十六也被送上了断头台，封建专制被推翻。雅各宾派为了肃清残存封建势力，采取了过激的手段。最终，拿破仑上台，发动了“雾月政变”，历史才发生了根本的变化。

延伸思考

1. 被送上断头台的法国国王是谁？

2. 保障法国人民权利的第一个象征性宪法文件是什么？

3. “雾月政变”是谁发动的？

相关链接

文中提到的凡尔赛宫，位于法国的凡尔赛镇，是世界五大宫殿之一，世界文化遗产之一。凡尔赛宫原是一片荒地，后来路易十三在这里修建了红砖楼房，作为打猎行宫。现在，凡尔赛宫有两千多个房间，规模庞大。法国大革命中，凡尔赛宫被多次抢劫，许多家具、壁画、挂毯、吊灯等被洗劫一空。后来路易·菲利普国王下令将其修复，并将它改成历史博物馆，保留至今。

第四十章　拿破仑称帝

名师导读

拿破仑，世界著名的军事家、政治家，出生于科西嘉岛，发动“雾月政变”推翻了督政府，是法兰西第一帝国的皇帝。拿破仑具有杰出的军事指挥才能，先后多次打败反法同盟，保卫了法国大革命的成果。下面，我们就一起来了解一下吧！

心高气傲的拿破仑

❶解释说明

对拿破仑做了简要的介绍。

读书笔记

[1] 拿破仑并不算是一个真正意义上的法国人，他的父亲是卡洛·玛利亚·波拿巴，而他出生在科西嘉岛，是个土生土长的意大利人。但是动荡的科西嘉岛一直无法捍卫自己的主权，其主权经由热那亚人之手转移到了法国人的手里。

年轻的拿破仑曾经希望帮助自己的祖国摆脱法国的控制。但是法国大革命之后，法国对待科西嘉的态度发生了一百八十度转变。法国大革命实现了科西嘉人的愿望，这让拿破仑感到喜出望外，他因此而感激法国，并开始以一个法国人的身份为这个国家贡献自己的绵薄之力。他开始学习说法语，练习拼写法语，但显然学习语言不是他的特长，他的法语总是带着一股浓郁的意大利口音，他仍然无法正确拼写法语词汇。尽管如此，他还是承认了自己的法国人身份，并且在他从布里埃纳军事学院毕业之后，立即加入了法国军队。他不曾想过自己会成为欧洲叱咤风云的人物，毕竟他从没想过要当一个英雄，直到他显示出杰出的军事才能而逐渐觉醒。时至今日，欧洲人都因为拿破仑而感到自豪，人们把他奉为军事天才。

读书笔记

拿破仑正如一个横空出世的天才，他指挥着他的士兵南征北战，立下赫赫战功，而他也从一个小小的炮兵少尉迅速被提升为少校，然后又被史无前例地破格提升为准将。①他卓越的军事才能甚至超过了亚历山大大帝和成吉思汗，从土伦战役到滑铁卢战役的二十三年期间，他亲自指挥各大战役近六十次，其中五十余次胜仗，获胜的小战役数不胜数，他简直是敌人的噩梦。他以一己之力将欧洲搅得天翻地覆。

①对比修辞

通过对比显示出拿破仑杰出的军事才能。

与他出众的军事才能相反，拿破仑长相平庸，体弱多病。你甚至无法从人群中一眼便认出他来，更无法想象他那矮小瘦弱的身材是如何蕴藏着如此强大的军事才能的。他并不像历史上大部分的伟人一样在人群中依然能够谈笑自若，事实上他不喜欢出席任何社交场所。出身卑微的他没有显赫的背景，学习天赋也不强，但是正如他自己所说，“不想当将军的士兵不是好士兵”，不

读书笔记

甘平庸的他立志要成为名垂青史的大人物，而他的坚强意志最终带领他达到前所未有的高度。

残暴的拿破仑

在别人眼里，拿破仑是个冷血无情的人，他就像是一台战斗机器，没有情感，无所畏惧。其实拿破仑并非冷血无情，至少他敬爱他的母亲，而且他真心爱着他的妻子约瑟芬。拿破仑喜欢看古希腊的历史学家普卢塔克写的《名人传》，但是他却从不奢望自己能够被人尊称为英雄。①他是一个理智得可怕的人，正因为他对他的梦想有着异于常人的执念，所以他无法容忍任何东西阻碍他走向成功，他的眼里只看得到成功，诚信、感恩等词汇从来都不会出现在他的脑海里，而他也做好了随时会被别人背叛的心理准备。他会为了胜利而抛弃伤残的士兵，他会在前一秒刚答应留战俘一条活路，后一秒就出尔反尔将战俘全部处死。他甚至为了成功背弃了他心爱的妻子，从而与奥地利皇帝进行政治联姻。为了实现他的野心，他可以将身边的一切都当成筹码。他深信对敌人仁慈就是对自己残忍，在他眼里，所有反抗他的人都是不可饶恕的，不管对方是一个普通的士兵还是一个深受别人爱戴的英雄。

❶因果联系　拿破仑非常理智，而且有坚定的信念，对待成功路上的任何阻碍都冷酷无情。

拿破仑理性得让人心生畏惧，他的残暴令人闻风丧胆。当时的人们听到他的名字就如同听到了恶魔的名字。②他犹如噩梦一般存在于人们的生活中。在拿破仑叱咤风云的那个时代，一个母亲如果想要教育她

❷比喻修辞　说明拿破仑的残暴令人闻风丧胆。

不听话的孩子，那么她只要跟孩子们说拿破仑的故事来吓唬她的孩子就足够了，拿破仑的故事比狼外婆的故事管用多了。

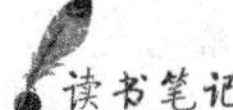

尽管如此，拿破仑却不乏追随者。无数的将士为他出生入死，南征北战。这些将士并非因为他是一名英雄而对他死心塌地，事实上他们也不知道为什么他们会如此忠诚于拿破仑，他们不求回报，甘愿背井离乡，追随拿破仑去任何地方，为他抛头颅洒热血。或许这就是这位身材矮小的科西嘉人独特的人格魅力，恨他的人对他恨之入骨，爱他的人对他死心塌地。

拿破仑仿佛是天选之子，他在那个动荡不安的年代，在群雄割据的欧洲尽情展示他卓越的军事才能。同时，拿破仑还是一个出色的演说家。无论是危在旦夕的时候还是胜利触手可及的时候，无论是站在漫天黄沙的宏伟的埃及金字塔和狮身人面像前还是坐在绿草茵茵的意大利草原上，拿破仑总能通过他丰富的肢体语言和激情洋溢的话语向他的将士传递他对胜利的渴望。他的演说总能鼓舞士气，让人感觉一切都在他的掌控范围之内。他的士兵对他坚信不疑，无论身处如何险恶的境地，他们都相信拿破仑将军会带领他们走出困境，走向胜利，因为他是拿破仑，这三个字仿佛成了一种信仰。

滑铁卢是比利时首都布鲁塞尔南郊约十八公里处的一个小镇，是拿破仑传奇的一生的终结点。滑铁卢战役之后，拿破仑退出历史舞台。被流放到圣赫勒拿岛的他受到英国士兵的严密监视，而他与外界的联系也被切断，无论是他的朋友还是亲人都没有再见过他一面，他就这样在这座孤岛上寂寥地完结了他的一生。但是，他雄伟的身姿依旧深深刻在人们的脑海里，对于法国人来说，拿破仑是他们的骄傲，他们像①敬畏神一样敬畏着拿破仑。

❶侧面烘托

法国人民敬畏拿破仑，把拿破仑和神放在同等的地位，因为拿破仑是他们的骄傲。

早在滑铁卢战役之前的1804年，拿破仑称帝。从1803年开始，拿破仑的战争逐步从正义的自卫战争转变成为大资产阶级谋夺利益的非正义的侵略战争。称帝之后他将他的野心暴露无遗，开始率军远征。但是，他再次回到巴黎的时候，巴黎被占领。同盟军要求法国无条件投降，波旁王朝复辟，拿破仑退位，路易十八登上宝座。

但是法国人民很快就开始不满路易十八的腐败无能，开始怀念拿破仑统治期间法国的强大。于是1815年3月21日，拿破仑在人民的拥护下直返巴黎，他把无能的路易十八赶下王位，自己则重新称帝。原本还为了各自利益争得头破血流的欧洲国王们得知这个消息之后惊恐万状，他们立即放下眼前的争执并迅速达成共识，成立第七次反法同盟。威灵顿率领英国军队进军法国北方，而布吕歇尔则带领着普鲁士军从旁接应威灵顿，奥地利和俄国也在整装待发。

读书笔记

敏锐的拿破仑洞悉了敌人的策略，他决定先发制人，在敌人会合之前将他们各个击破。于是，他迅速率军直达比利时，并在林尼与普鲁士军发生战斗，最后成功击败普鲁士军，但是，狡猾的普鲁士军逃跑了，拿破仑命令他的将军格鲁希前往追击逃窜的普鲁士军，自己则率军到达滑铁卢，准备迎击威灵顿带领的军队。

[1] 1815 年 6 月 18 日，著名的滑铁卢战役打响，拿破仑在这个比利时小镇开始了他人生中的最后一场战役。战斗进行得十分激烈，分秒必争。战斗双方都希望尽快结束战争，不给对方丝毫喘气的机会。拿破仑四次向威灵顿军队所在的高地发起进攻都无一例外被击退。激烈的对战给双方都带来了严重的消耗，此时双方都在等待援军的到来。拿破仑等待的格鲁希将军明知战争已经爆发，但优柔寡断的他因为不敢违抗拿破仑，没有前去支援，而是选择继续追击普鲁士军。但是布吕歇尔率领普鲁士军避开了格鲁希的追击前往了战场。于是，[2] 拿破仑没能等到格鲁希，而威灵顿却等来了布吕歇尔。布吕歇尔抵达战场，他指挥着他愤怒的士兵向拿破仑发起最后的冲击。看着来势汹汹的敌军，拿破仑兵败如山倒，他大喊一声“各自逃命吧”。于是法军抱头鼠窜，而拿破仑也成功逃出战场。

❶正面描写

滑铁卢战役是一场决定拿破仑命运的战斗。拿破仑的好运在这场战斗前已经用完。

❷对比修辞

这个对比，注定了拿破仑悲剧的开始。格鲁希的优柔寡断，导致拿破仑全军覆没。

6 月 22 日，拿破仑再次退位并被流放到圣赫勒拿岛，直到 1821 年郁郁而终，拿破仑辉煌的一生画下句点。

后世流传了很多关于拿破仑的书籍，人们对拿破仑的评价褒贬不一，事实上后世的人们永远无法对一个历史人物做出准确的评价，所以不要试图通过阅读这些书籍来了解拿破仑。因为这些书籍有两个极端，

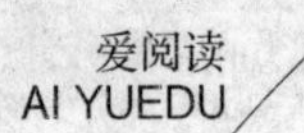

读书笔记

要么极端赞扬拿破仑，肯定他对后世的影响，要么十分贬低拿破仑，放大他发动的侵略战争对当时欧洲人们的迫害。

俄国反法战争的胜利

拿破仑对法国甚至整个欧洲的贡献是巨大的，多少页纸都不够写，但为什么他前半生能够取得很多成功，在最后的十年却失败了也是可以说清的。1789年至1804年间，拿破仑是法国革命的领袖，秉持着“自由、平等、博爱”的思想与士兵们取得战争的胜利，但1804年他却请求教皇为他加冕，自封为世袭皇帝。

❶对比修辞　这样的做法注定了拿破仑最终的失败。

[1]拿破仑一成为皇帝，就不再是曾经的革命领袖了。他不再秉承曾经的思想，不再保护被欺压的人民，反而成了压迫人民的人。他十分暴虐，他的行刑队伍时刻准备着杀死违背他意愿的人。当他的军队入侵西班牙，屠杀了许多效忠旧主的马德里市民时，人们终于开始反抗这位曾经的英雄了。

当查理一世统治英国的时候，英国人民发起过“光荣革命”，但他们却很反感报纸上报道的法国大革命，因为它的程度远大于他们的革命。在英国人心中，拿破仑是一群杀人不眨眼的魔鬼雅各宾人的首领。从1798年起他们就开始破坏拿破仑向印度进攻的计划，直到1805年他们才等到战胜拿破仑的最佳时机。

读书笔记

纳尔逊将军摧毁了拿破仑的舰队，将拿破仑困在了内地，而拿破仑又不愿意与英国和平解决问题，他把仇恨的矛头又指向了俄罗斯。

俄罗斯的保罗一世被臣民杀害了，他的儿子亚历山大沙皇继位。他不喜欢拿破仑，坚信自己是上帝选中的解放全世界的人。他加入了反拿破仑联盟组织，但几次尝试都失败了。1812 年他对拿破仑进行人身攻击，将拿破仑气得发誓要攻打到莫斯科。

读书笔记

两个月的进军后，拿破仑来到了莫斯科。1812 年 9 月 15 日夜里，莫斯科燃起一场延续了四天四夜的大火，拿破仑被迫撤退。两周后又下起了大雪，法国军队行进艰难，到达别列齐纳河的时候又遭到了俄军的反攻，损失惨重。

①后来又传开了反叛动乱的谣言，欧洲人纷纷开始反击。但当他们还没有准备好时拿破仑就率领军队回来了，原来他被击溃之后就秘密回到巴黎征集了军队。

拿破仑的新军队由一群十几岁的孩子组成。1813 年 10 月 16 日，莱比锡战役爆发，两大群男孩殊死搏斗。17 日下午，俄国后备部队不断加入战斗，拿破仑仓皇逃跑。

❶正面叙述

进攻俄国，是拿破仑一生的败笔和错误。拿破仑的好战和穷兵黩武，势必引起人民的厌恶，失败是必然的。

精华赏析

拿破仑长大后加入了炮兵队伍，在土伦战役中崭露头角。通过“雾月政变”，他推翻了督政府，建立了法兰西第一帝国，自封为皇帝。欧洲各国组织了七次反法同盟抗击拿破仑，其间拿破仑两次遭到流放。最终，拿破仑死在了圣赫勒拿岛。

延伸思考

1.拿破仑出生于什么地方？

2.拿破仑最后在什么地方去世？

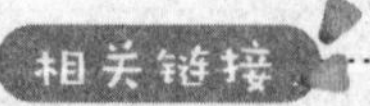

相关链接

文中提到的圣赫勒拿岛，因拿破仑被流放于此而备受世人关注。它的面积有121平方千米，是个火山岛，为英国所有。该岛离非洲西岸1950千米，离南美洲东岸3400千米，拿破仑插翅难逃。该岛的居民主要是混血种人，官方语言是英语，信仰基督教。

第四十一章　民族独立战争

名师导读

19世纪，注定会被载入史册。这个时期，爆发了民族独立战争，亚洲有印度民族解放运动、中国的太平天国运动和义和团运动，南美洲有拉美民族解放战争等。民族独立战争冲击着顽固的封建统治旧秩序，起到了摧枯拉朽的巨大作用。下面，让我们一起来了解这段历史吧！

民族情感的复兴

反动不能消灭顽强的争取民族独立的热情。最先反抗维也纳会议的是南美洲人，后来比利时人、希腊人、西班牙人还有一些小的民族，他们一同谱写了19世纪独立战争的伟大篇章。

① 如果维也纳会议实施的是另外一种与现行的不一样的措施，也许19世纪的欧洲历史会与现存的完全不同，但这样的如果却没有一点意义。维也纳会议的成员是一批刚刚经历了法国大革命的人，他们仍然

❶假设

事实上，这种假设只是一种不切实际的天真幻想。因为维也纳会议本质上是反动的，其实质是分赃。

读书笔记

清楚地记得过去二十年他们经历的战乱纷争，他们现在只想要欧洲能够得到“和平与稳定”。他们坚信人民群众自己是不能管理好自己的，为了能够让欧洲得到长治久安，他们重新划分了欧洲地图，虽然最后失败了。总而言之，他们只是怀念自己年轻时过的和平稳定的幸福生活并且想要回到这样的生活，他们并没有恶意。但他们却并没有意识到，欧洲人民已经了解了很多的革命思想。法国革命教给了人民“民族自决”这个权利。①拿破仑是个从不会尊重和畏惧别人的人，所以他能够十分冷酷地处理关于民族情感的问题。而在革命早期，一些领导者曾经宣传过另一种信仰——“民族是人们发自内心的感情”。因此，他们向法国的儿童讲述法兰西的伟大，也鼓励别的国家的人做同样的事。

❶因果联系 说明拿破仑能很好地处理民族情感问题的原因。

19 世纪上半叶是个考古时期，各地的历史学家都忙着撰写中世纪的历史，每一个国家的历史发现都会引起人民对祖国的骄傲，而让他们产生这些感情的原因却是他们对历史的误解。但是事实的真假已经不重要了，重要的是人们的看法。在大多数国家，人们还是坚信自己的祖国是伟大的。

读书笔记

但是，维也纳会议是不会关心人们的情感的，他们所做的事情都是以利益为出发点的。

历史对所有的会议都是公平的。“民族”渐渐变成人类社会发展必不可少的存在，而任何阻碍这股历史潮流的人和事都会以失败告终。

南美独立战争

争取民族独立的斗争是从南美洲开始的。在拿破仑战争期间，因为西班牙人忙于战争，南美大陆的西属殖民地度过了一段独立的时期。当西班牙的国王被拿破仑打败之后，南美殖民地的人民依然效忠他，不接受新上任的国王。

读书笔记

其中，唯一一个被法国大革命影响且发生了动荡的南美殖民地是海地岛。1791 年，法国国民工会宣布海地的黑人拥有与白种人一样的权利。但是后来他们很快就后悔了，收回了这个承诺，这就引起了黑人领袖杜桑·卢维杜尔和拿破仑将军之间的战争。1801 年，杜桑·卢维杜尔接受将军的邀请讲和，[1]他轻信了白人说的话，他被带到一艘法国军舰上，没多久就死在了一座法国监狱里。但海地的黑人最终还是胜利了。

[1]解释说明

暴露了杜桑·卢维杜尔政治上的不成熟。

1783 年，西蒙·玻利瓦尔出生于委内瑞拉，他曾经在西班牙学习，大革命期间去过巴黎，又在美国停留了一段时间，然后回到家乡。那时委内瑞拉人就很不满意西班牙了，1811 年委内瑞拉宣布独立，玻利瓦尔是将领之一。不到两个月起义就失败了，他不得不逃走。

读书笔记

之后五年，玻利瓦尔一个人领导着这场看似不会成功的起义，如果不是海地总统的支持，他最后一次远征是不会成功的。争取独立的起义越来越多，西班牙殖民者无法镇压，于是向神圣同盟求助。

这种趋势惊扰了英国。那时英格兰已经完全取代了荷兰在海上的地位，他们正在期望从南美人的独立战争中获利，因此英国希望美国能够阻止神圣同盟，但美国并没有这样做。这时英国内阁发生了人事变动，新上任的国务大臣乔治·坎宁暗示美国，如果他们干涉了神圣同盟的行动，那英国就会对美国进行援助。于是1823年12月2日，门罗总统发表宣言：①“美国将把神圣同盟在西半球的扩张视为威胁到美国的事物。”“门罗主义”使得神圣同盟不得不在帮助西班牙和对付美国之间进行选择，而最终梅特涅退却了。

①解释说明

介绍了门罗主义产生的背景以及门罗主义发布之后的作用和效果。门罗主义实际上是霸权主义。

我认为，梅特涅是乐意威胁到美国的，但是他被坎宁和欧洲大陆现在面临的麻烦威胁到了，不得不放弃帮助西班牙。就这样，西属南美殖民地和墨西哥获得了独立。

希腊独立战争

欧洲大陆上的动乱开始得十分猛烈。1820年，神圣同盟派遣军队作为西班牙的和平警察。不久后因为意大利“烧炭党”起义，奥地利的军队又被作为同样的角色派遣到意大利。

那时因为亚历山大沙皇的去世，俄罗斯圣彼得堡掀起了一场起义，即“十二月党人起义”。很多爱国者被杀害或流放，而他们只是希望推翻亚历山大的反动统治，建立立宪政府。

读书笔记

更糟糕的是，梅特涅先后在几个地方召开了会议，希望欧洲各个宫廷都支持他。各国代表都准时来参加会议，也承诺会尽力帮助镇压起义，但他们都不相信最后会成功。人们都很不安。

读书笔记

巴尔干自古就是蛮族入侵西欧的必经之地。起义首先就发生在摩尔达维亚。这里原本属于古罗马，公元3世纪时脱离帝国。1821年，希腊人亚历山大·易普息兰梯王子发起了一场反土耳其人的起义，他告诉起义者，俄国会一直支持他们，但实际上沙皇那时被奥地利人关于“和平与稳定”的言论说服了，不再支持他们。易普息兰梯逃到奥地利，在那里的监狱蹲了七年。

①1821年秋天，希腊也发起了反土耳其人的暴乱。从1815年起希腊一个组织就开始准备起义了，他们趁人不备，赶走了摩里亚的土耳其军队。土耳其加以报复，抓住了希腊主教，并在1821年的复活节将教皇处死，还处死了很多东正教主教。希腊人为了报复也屠杀了很多穆斯林。两相争斗，很多人被杀。

①正面描写　写了发生在希腊的独立战争。

希腊人在支撑不住时向欧洲求助，但梅特涅却说他们是“自食其果”。

欧洲对所有试图救援希腊的人都加以阻止。在埃及的帮助下，土耳其又取得了胜利。梅特涅关注着事情的发展，等待着这件“扰乱和平”的事过去。

但英国人打乱了他的计划。②英国人一向是遵守法律的人，他们知道区分文明社会和原始社会的重要标志就在于能否尊重别人的权利。同样他们也认为别人不能干涉自己的自由思想。他们会毫不犹豫地说出自己认为的政府做得不对的事，他们的政府也会尊重人们自由表达的权利，并且全力保护他们。从苏格拉

②解释说明　写出了英国政府会尊重人们表达的权利，也会保护人们。

读书笔记

底时代开始，人们就习惯于对那些在思维智力上比他们杰出的人加以迫害，而英国人，永远会支持着他们认为正义的事业。他们敬仰那些为亚洲或者非洲战斗、牺牲的人。

就算是神圣同盟派出的间谍也不能改变人们对民族的感情。1824 年，拜伦勋爵去帮助希腊人，三个月后他战死在希腊的营地。英雄的牺牲让全欧洲人为之振奋，人们自发地组成队伍，帮助希腊人，支援希腊人。

读书笔记

在英国，约翰·坎宁意识到这又是打击梅特涅的一次机会。英国和俄罗斯的海军舰队都在地中海待命，政府也不再阻挠，派出了军舰。

法国也不甘示弱地将舰队开到了希腊海面支援他们。1827 年 10 月 20 日，英、俄、法三国的舰队一同摧毁了土耳其舰队。1829 年，通过希腊人和欧洲人的共同努力，希腊终于独立。

我做不到在这短短的一个章节中向你们讲清各国的民族独立斗争，而我之所以会写到希腊人的起义，是因为它是第一次成功反抗了维也纳会议“维护欧洲稳定”的阵营。虽然压迫没有因此完全消失，但终归是有效果的。

读书笔记

十八年以后

法国的波旁王朝完全不遵从文明的规则和法律，反而实施压制人民的警察制度。1824年，路易十八去世时，法国已经忍受了九年这样所谓“和平”的折磨，而这样的折磨比帝国时代经历的十年战争还要让人难以忍受。路易十八的兄弟查理十世继承了王位。路易是属于波旁家族的，他们没什么知识，但十分记仇。他永远忘不了他的兄弟被送上断头台的情景，这时刻提醒着他要看清局势。但查理正好与他相反。他是个不长记性的花花公子，继承王位之后他立刻建立了一个“为教士所治、所有、所享，一切为教士”的新的政府。他的统治方式让人们很是反感，而他的日子也很快就结束了。1830 年 7 月 27 日，法国巴黎爆发了一场大的革命，30 日国王逃往英国。从此，波旁王朝被赶下了王位。法国本可以趁着此时建立一个新的共和制政府的，但是梅特涅却不允许。

读书笔记

欧洲的局势已经很危险了。维也纳会议强行合并了荷兰和比利时，但这个新尼德兰王国的存在从开始起就是一个错误，因为荷兰人和比利时人是没有任何共同点的。

①国王虽然是个努力工作的人，却也没有能力让两个完全不同的民族和睦相处。法国大革命爆发之后，很多天主教士逃难到比利时，国王身为新教徒，无论做出什么举动都会被指控是在为天主教争取自由。1830 年 8 月 25 日，布鲁塞尔爆发了一次反荷兰政府的动乱。两个月后，比利时独立。两个被迫结合的国家终于分开了，之后他们反而能够友好地相处起来。

❶转折

说明两个民族很难和睦相处。

②法国和比利时的革命者胜利的消息传播到波兰，使得波兰人和俄国统治者之间产生了矛盾，引发了战争。一年后俄国胜利。1825 年尼古拉一世继任。

❷解释说明

波兰人反抗沙皇俄国的斗争开始了。

意大利也在那个时候度过了一个动乱的秋天。拿破仑的妻子在滑铁卢战役后抛弃了他，她在革命中被驱逐出了自己的国家。在教皇国，人们想要创建一个共和国，但是当奥地利的军队进入罗马城后，什么都没有改变。又过了十八年，人们才再一次开始一场更加成功的革命，让欧洲从维也纳会议中彻底解脱出来。

读书笔记

欧洲革命的风向标

最先开始战争的又是法国。继任查理十世的国王是路易·菲利普，他是奥尔良公爵的儿子。奥尔良公爵是法国大革命中的重要角色，但是在罗伯斯庇尔整顿革命阵营的时候被处死了，他的儿子不得不逃走。那以后路易·菲利普开始了流浪生活，直到拿破仑下台，他才重新回到巴黎。[1]他比其他无知的波旁表兄都要聪明，他的生活一直十分朴素，他常常带着红雨伞在巴黎的公园散步。但他一直没有意识到，法国已经不再是一个需要国王的国家了。1848 年 2 月 24 日，一群人拥进王宫，将菲利普赶下台，他才真正明白这一点。

❶对比修辞 介绍了路易·菲利普的情况。

巴黎爆发革命的消息传播到维也纳的时候，梅特涅并没有多在意，他以为这跟 1793 年那场革命没什么两样。但时间才过去两周，奥地利也爆发了一场这样的起义，梅特涅小心地逃出了王宫。

读书笔记

这一次的起义，整个欧洲都感受到了革命带来的影响。匈牙利独立了，在路易斯·科苏特的领导下，开始了一场反抗哈布斯堡王朝的战争。最后俄国沙皇尼古拉一世帮助镇压起义，使得匈牙利保住了君主统治的制度。

后来哈布斯堡王室建立了一个军事法庭，杀害了所有的起义者。

还有意大利。西西里岛人赶走了波旁国王，宣布脱离那不勒斯独立。在教皇国，首相遭到杀害，教皇逃跑。[1]第二年，教皇又带着一支法国军队回来了。法国军队一直待在罗马，防止臣民暴乱。1870年普法战争爆发，这支军队才被召回。

❶解释说明

教皇原是欧洲人的精神领袖。但是，科学的发展，社会的进步，使得人们对教皇的本质看得越来越透彻，但教皇不甘心失去权力。

再说说德国。1848年爆发的欧洲革命引起了德国一场大型的示威行动，人们呼吁建立一个议会制政府。国王因为自己的昏庸无能被一群大学生赶下了台。在普鲁士，国王在民众的逼迫下，不得不向死难者道歉致哀。1849年3月，五百五十名来自德国各地的代表在法兰克福集合，召开了国会大会，他们推举普鲁士国王弗雷德里克·威廉担任德意志皇帝。

但没过多久事态又改变了。奥地利皇帝斐迪南传位给了侄子弗兰茨·约瑟夫。哈布斯堡家族的人再一次站稳了脚跟，他们凭借出色的外交手段玩弄着国家的政治，又利用其他日耳曼国家的嫉妒心理阻止了普鲁士国王成为帝国的皇帝。经过多次的失败，哈布斯堡家族的人学会了忍耐，学会了等待时机。最终，奥地利人解散了法兰克福国会，建立了一个旧日耳曼联盟。

读书笔记

在出席国会的一群爱国者之中，有一位普鲁士人。他很少说话，只是默默地关注着这个会议，记住一切。他就是俾斯麦。他不喜说空话，崇尚具体行动。在处理国家事务时他有独特的方法。他不仅能够轻松面对与别国的外交，在其他方面也很出色。

俾斯麦相信，如果想要让德意志成功加入欧洲列强的队伍，必须用一个统一强大的国家取代现在散乱的联盟。他支持霍亨索伦家族做新一任的统治者，为了这个目的，他首先要消除奥地利对德意志的影响，于是他开始做准备了。

软弱的拿破仑三世

那时，意大利已经摆脱了奥地利，获得了统一。①意大利的统一是由加福尔、马志尼以及加里波第这三个人实现的。加福尔是一个心细的政治家，马志尼是一个很有演讲才华的能够激发人民热情的人，加里波第和他的骑士们则能够激发意大利人的想象力和形象感。

❶解释说明

意大利实现了国家的统一，这得归功于加福尔、马志尼和加里波第。

②马志尼和加里波第之前都是共和制政府的信徒，而加福尔则坚持君主立宪。由于两人都认可加福尔在政治上的能力，所以他们接受了他的主张。

❷因果联系

马志尼、加里波第都接受了加福尔君主立宪的观点。

加福尔支持的是意大利的撒丁王族。他凭借自己的忍耐力和高超的手段引诱撒丁国王担任起统治意大利的使命。同时，其他地区爆发的动乱也促进了他的计划，其中最有用的是法国。

1852 年 10 月，共和政府垮台。拿破仑的小侄子拿破仑三世重新建立了帝国，自称是得到了上帝恩准的皇帝。

这个年轻人依仗着拿破仑的名声巩固自己的位置，但他到处树敌，对自己能否顺利当上皇帝保持怀疑态度。

拿破仑三世急需找到一个解决别人对他的敌意的方法。他知道法国人一直渴望着“荣誉”，于是他用整个帝国的命运作为自己能否登上王位的赌注。这时正逢俄国对土耳其发起战争，克里米亚战争中，法国和英国都支持土耳其，这是一种冒险，他们都没有得到多少荣誉，但是这次战争也给撒丁国王站在胜利者一边提供了机会，战争结束之后，加福尔理所当然地向法国和英国收取了回报。

读书笔记

当撒丁王国在欧洲有了一定地位之后，加福尔又在1859年6月发起了一场对奥地利的战争。他用萨伏伊地区和意大利尼斯城作为条件，取得了拿破仑三世的支持。法意联军击败奥地利军队，一些之前属于奥地利的地区也被收进了意大利，佛罗伦萨成了意大利的首都。1870年，驻守罗马的法军回国对抗普鲁士，他们刚离开，意大利人就进入了这座城市。

读书笔记

教皇不得不躲到别处去。自从1377年这位古代教皇返回，这里就一直是他继任者的住处。教皇反对意大利人的掠夺，并寻求同情他的天主教徒的帮助，但支持他的人太少了。

就这样，维也纳会议想要把整个意大利半岛变成奥地利的一个省的计划落空了。

俾斯麦的“三部曲”

德国问题没有得到缓解，经常会产生动乱。德国问题是所有问题中最不好解决的。[1]1848年的一场失败，导致德国大规模的人口迁移，很多年轻人移民到了美国

❶因果联系 反映了德国国内问题重重。

等地，他们还未完成的事业由另外一群与前人性格完全不同的人接手了。

当德国建立一个统一的国家的计划失败后，在法兰克福又召开了一次议会，议会中代表普鲁士的是俾斯麦，这时他已经得到了普鲁士国王的认可，准备大展拳脚了。他是不关心人民意见的，他深知只有通过战争才能摆脱奥地利。于是他暗地锻炼着普鲁士军队的战斗力，州议会拒绝为他提供资金，他却根本不屑，自作主张用普鲁士的皮尔斯家族和国王提供的资金备战。然后他又到处找能够激发德国人爱国的事业，最后他找到了。

读书笔记

德国的北边有两个公国——石勒苏益格与荷尔斯泰因。这两个地方一直是麻烦频发之地，住着丹麦人和德国人，模式很特别，因此经常有纷争。虽然前不久的凡尔赛和约解决了这个问题，但他们仍然抱怨着彼此，甚至引导着整个欧洲都开始关注这个话题。

读书笔记

普鲁士都快要率领军队去收复失去的国土了，但奥地利却不同意普鲁士采取单独行动。哈布斯堡的士兵被动员与普鲁士的军队一起杀向丹麦，丹麦人最终失败了，奥德联军占领了两个公国。

后来，俾斯麦开始实施他计划的第二步。他趁着分赃挑起了与奥地利的争吵。哈布斯堡家族一下就掉进了俾斯麦的陷阱里。俾斯麦率领新型普鲁士军队袭击了波希米亚，不到六个星期奥地利就失败了。[①]后来他们甚至可以堂而皇之进入维也纳了，但是俾斯麦不想做这么绝，因为他还需要一个人的帮忙。于是他向哈布斯堡家族议和，强迫他们放弃在日耳曼联盟中的地位。但对于

❶对比修辞

反映了俾斯麦的圆滑。

曾经帮助奥地利的小国家他并没有手软，他将他们都并入了普鲁士。德意志的大部分北边小国因此建立了一个新的组织——北日耳曼联盟。

俾斯麦不断的扩张让欧洲人惊讶。1863 年，拿破仑三世开始了他的第二次冒险，他派遣一支军队，让一名叫马克西米安的奥地利人做墨西哥的皇帝。但是当美国内战结束后，华盛顿政府威胁法国军队离开墨西哥，最终这个皇帝被枪决。

面对乱七八糟的局势，拿破仑三世不得不再次寻找机会。[1]北日耳曼联盟正在发展，似乎很快就能成为一个威胁法兰西的对手。因此，法国国王认为与德国进行一场战争对自己是有好处的，于是他开始找机会挑起战争，正好西班牙给予了机会。

❶解释说明

拿破仑三世意图挑起一场对自己有好处的战争。

那时西班牙王位空缺，而拿破仑三世已经有了病逝的迹象。他的妻子欧仁妮·德·蒙蒂纳虽然聪颖，但却没受过什么教育，被一群宗教顾问随意摆弄着，而这些顾问又向来讨厌这位国王。王后对她的丈夫说要大胆，却忘了提醒他不能莽撞。

1870 年的一天，威廉国王正在埃姆斯游泳，一个法国外交官与他见面谈起西班牙问题时，国王说问题已经解决了。这次谈话按照惯例被整理成报告发给掌管外交事务的俾斯麦，而他又对这个消息重新进行了加工。很多人责怪他这个行为，他却说修改信息是自古文明政府就有的权力。德国人认为他们的国王被一个法国的外交官耍弄了，而法国人却认为他们的外交官在普鲁士被羞辱了。

读书笔记

就这样，双方同时发动了战争。不到两个月，拿破仑三世就被德国人俘虏了，法兰西第二帝国垮台，随后建立的法兰西第三共和国，号召人民打响反抗德国侵略者的巴黎保卫战。巴黎坚守了五个月，最终沦陷。于是，一个强大的德国产生了。

最后，德国以这样一种粗野的方式解决了问题。[①]1871年，维也纳会议在召开五十六年之后，终于被消灭了。其实，他们最初只是想要给予欧洲人稳定与和平，只不过他们采取的方式却带来了无数的战争和纷乱。而"神圣兄弟之情"之后的民族主义时代，影响深远，至今都没有消除。

①解释说明

维也纳会议终于"寿终正寝"了。

精华赏析

维也纳会议，表面上是为了维护欧洲的和平和稳定，本质上是重新瓜分战败国的领土。人们毫无幸福可言，民族情感日益酝酿成熟。于是在南美洲，海地赢得了独立，希腊在欧洲其他国家的帮助下也实现了独立。德国的矛盾是最多的，但是在俾斯麦的周密策划之下，终于实现了独立。

延伸思考

1. 海地的领导人叫什么名字？

2. 希腊在欧洲哪些国家的帮助下实现了独立？

第四十二章　工业革命

名师导读

所谓工业革命，就是用机器代替人力，以开办大规模工厂进行工厂化生产来代替个体作坊进行手工生产的一场技术革命。在第一次工业革命时期，瓦特改良了蒸汽机，哈格里夫斯发明了珍妮纺纱机，勃拉姆发明了抽水马桶，富尔顿发明了蒸汽轮船等。下面，让我们一起来了解这场伟大的革命吧！

奴隶制社会的机器

从五十多万年以前起，人类就开始用各种各样的工具来为自己提供便利。[1]公元前10万年时发明出的世界上的第一只轮子，引起的轰动绝对不亚于飞行器的发明。

❶对比修辞 显示了发明产生的巨大影响力。

在华盛顿流传着这样一个故事：一个生活在19世纪30年代的专利局局长，他认为所有可以发明出来的东西都已经被发明出来了，专利局已经没有存在的必要了。那时候，不少人都是同意该局长这样的看法的。

但是实际上，人类历史上一个有趣之处在于人们是怎样想办法让别人或者别的东西为自己服务而自己可以享受空闲的。当然，在很久很久以前，胁迫一个弱小的同类做人们不愿意做的事情是很容易实现的。古希腊和古罗马的人都是很聪明的，但是那时还是奴隶制社会，他们并没有利用自己的聪明才智创造出有用的工具。①当他们可以用很少的钱买到奴隶为自己做事时，他们怎么还会把时间浪费在发明别的为自己提供便利的东西上？

①反问修辞 写出了奴隶社会时期人们的思想。

奴隶制虽然在中世纪的时候被废除了，但是取代它的是农奴制。行会也是不同意使用机器工作的，因为机器的存在会使很多人失去工作。同时，那时的人对于大批量的生产也是不感兴趣的，因为他们并不愿意生产超出需求量的东西，也不愿意与同行产生竞争。

蒸汽机的问世

读书笔记

文艺复兴时期，教会已经无法控制人们在科学发明上的思想了，很多人开始进入数学、天文学这些科学研究领域。三十年战争的前两年，苏格兰人约翰·纳皮尔写了一本书，其中讲述了一个新的发现——对数。在战争期间，戈特弗里德·莱布尼茨进一步发展了微积分学科体系。在威斯特伐利亚和约签署的八年前，牛顿和伽利略出生了。为期三十年的战争结束的时候，中欧地区掀起了一股“炼金术”热潮，人们想要通过这种方式将普通金属炼制成黄金。这是不可能的，但是当一群所谓的专家专心研究的时候，他们也恰好有了一些别的想法，这也促进了之后的一些发明创造。

读书笔记

所有人的工作都为世界科学的发展奠定了基础，很多人就利用这次机会进行了一些发明创造。中世纪的时候，人们发明了一些用木头制作的机器，后来又换成了铁制机器。但欧洲只有英格兰才出产铁矿，所以英格兰就兴起了冶炼业。但冶炼需要木头作为燃料，所以森林很快就被砍光了，人们又开始用石炭作为燃料。

很多发明家开始考虑如何解决石炭受潮的问题，他们想到可以用蒸汽作为动力。公元前1世纪，亚历山大曾经描述过一些可以依靠蒸汽作为动力的机器，文艺复兴的时候人们也想过发明蒸汽战车。渥斯特侯爵出版的发明手册上也讲述了蒸汽机。1698年，托马斯·萨弗里发明了抽水机，同时克里斯琴·海更斯也在努力改进发动机，这种发动机类似于现代的汽车引擎。

读书笔记

欧洲各地的人们都在研究蒸汽机了。法国人丹尼斯·帕平是海更斯的朋友兼助手，帕平做过很多蒸汽机实验，发明了用蒸汽做动力的货车和蹼轮。但当他准备试航自己制作的蒸汽船时，① 船员们担心这样的新机器会使他们失去工作，于是他们向政府控告了他。帕平的船被没收了。他一直生活贫穷，直到去世。但他去世的时候，托马斯·纽科曼正研究气泵，五十年后瓦特改进

❶因果联系 蒸汽船的发明者帕平的生活一直很贫穷，原因令人唏嘘。

了他的发明，1777 年蒸汽机诞生。

经济和社会的变革

在人们研究发明热力机的那几个世纪里，世界的政治格局发生了很大的改变。英国取代荷兰夺取了海上贸易的霸主地位，并且建立了很多殖民地。他们把殖民地的原材料运回英格兰加工后再出口到世界各地。17 世纪时，北美的格鲁吉亚人和卡罗莱纳人开始种植棉花，他们把棉花送到英国，英国人再制成布匹。最初，布匹是工人们手工制作的，但后来纺织工艺发展了。1730 年，约翰·凯伊发明了飞梭。1770 年，哈格里夫斯发明纺纱机，伊莱·惠特尼发明轧花机，理查德·阿克赖特和埃德蒙·卡特赖特又一起发明了一种以水力为动力的大型纺织机。18 世纪 80 年代，法兰西召开三级会议的时候，人们已经开始使用蒸汽机和纺织机了。这个不起眼的发明对当时社会的经济和生活都有很大影响，甚而影响到整个世界人们之间的关系。

读书笔记

蒸汽船

①蒸汽机发明成功之后，发明家又开始研究如何用机械装置推动交通工具。瓦特曾经提起过蒸汽机车的想法，但还没来得及实施，1804 年理查德·特里维西克就发明了火车。同时，罗伯特·富尔顿正在劝说拿破仑使用“鹦鹉螺号”潜水艇和他发明的

❶正面叙述

蒸汽机被发明出来后解决了动力的问题。人们开始尝试把蒸汽机作为动力，运用在交通工具上，以改变人们的出行方式。

汽船。

富尔顿关于汽船的想法其实并不新颖。早在1787年，菲奇就创造出了一种小的汽船并且进行了实验。令人惋惜的是，拿破仑他们并不屑于也并不相信这种汽船。

富尔顿只好失望地回到美国。他是个商人，很快就与罗伯特·利文斯顿合作开了一家汽船公司。① 利文斯顿是支持美国《独立宣言》的人，担任过美国驻法大使。这家公司发明的第一艘汽船“克勒蒙特”号装备了博尔顿和瓦特制造的引擎，并且开通了纽约和奥尔巴尼之间的航班。不久，这家公司就垄断了纽约水域的船运业务。

❶解释说明

介绍了利文斯顿的身份。

约翰·菲奇是最早把蒸汽船投入商业使用的人，但是最后他却悲惨地死去。当他发明的第五艘汽船被摧毁的时候，他已经十分穷困潦倒了，身体也很不好，还被身边的人嘲笑。菲奇一直希望可以开通去往中西部的海上道路，但人们好像更喜欢坐渡船或者徒步走过去。1798年，菲奇绝望不已，服毒自杀。

读书笔记

二十年之后，“萨瓦拉”号汽船，载重一千八百五十吨，以每小时六海里的船速从萨瓦纳开往利物浦，创造出二十五天跨越大西洋的纪录，终于让人们不再嘲笑和轻视这项发明。

又过了六年，英国人乔治·史蒂文森发明了移动式引擎。他的发明不仅使得煤价下跌，还开通了曼彻斯特到利物浦的客运路线。② 人们终于能够体会到可以用多

❷对比修辞

说明科技发展得越来越快。

快的速度从一个城市到另一个城市，而几十年之后，火车的速度又今非昔比了。至于现在，任何一辆车的速度都能超过当时的这些发明。

读书笔记

电的发明

当工程师们研究热力机的时候，另一批专注于研究理论的科学家又发现了一条新的线索。

两千年以前，有很多古希腊和古罗马的哲学家发现了一种很奇怪的现象，就是用羊毛摩擦之后的琥珀上可以吸附稻草和羽毛的碎屑。因为当时中世纪的研究者对这种现象并不感兴趣，所以并没有继续研究下去。但文艺复兴之后，英国女王伊丽莎白一世的私人医生威廉·吉尔伯特写了一篇论文，探讨磁的特性及表现。于是在后来的一个世纪中，很多科学家都开始研究电。①1795年，好几位教授都发明出了莱顿瓶，本杰明·富兰克林也在那时开始研究这个领域。他发现闪电和电火花的放电现象性质相同，于是他将毕生的精力都投入对电的研究中。后来就出现了伏特以及他发现的电堆。还有很多人们耳熟能详的科学家，他们都用尽了毕生的精力，持之以恒地研究电。

①正面叙述 一些科学家在电这个领域投入了毕生的时间和精力。本杰明·富兰克林是其中的佼佼者。

这些科学家的研究是从来不求回报的。萨缪尔·摩尔斯相信，他可以利用电流，让信息从一个城市传递到另外一个城市。他想用一根铜线和一个他发明的小机器来实现，但遭到人们的质疑。他不得不用自己所有的积蓄来完成这项实验，却换来人们更多的嘲笑讽刺。于是，摩尔斯只好向国会求助，国会一个财务委员会同意提供资金援助，但是那些议员也同样不理解他的做法。他等待了十二年才等来了国会的拨款，后来他就在纽约和巴尔之间建立了一条电报线。1837 年，摩尔斯在纽约大学的讲演厅成功演示了“电报原理”。1844 年 5 月 24 日，人类发出了历史上第一个长途电报。后来，整个世界都开始使用电报。过了二十三年，亚历山大·格拉汉姆·贝尔用电流发明了电话。半个世纪之后，马可尼完善了电话发明，并且发明了无线通信系统。

在摩尔斯奔波于自己的电报事业的时候，1831 年，迈克尔·法拉第制造出了世界上第一台发电机。那时候法国七月革命冲击着整个欧洲，没有人注意到这项发明。而第一台发电机，在不断的改进完善之后，已经可以提供热力、照明以及启动其他机器了。而且我想它很快就能代替热力机而存在。

①对我个人而言，我很希望看到这样的事情发生。因为热力机给人们带来的是肮脏和喧嚣，破坏了地球的环境，不断采撷着地球上的资源。如果我是一个小说家，我一定会写出将最后一台蒸汽机与恐龙那些灭绝物种一起放在历史博物馆里的小说，而不是让它一直破坏生态。

读书笔记

❶解释说明

写出了作者对热力机的看法。

工业革命是发生在18世纪的一场以机器代替人力、用大规模的机器生产代替手工作坊的科技革命。这次工业革命首先发生在英国。人们发明了很多东西，如发电机、蒸汽机、电报、电话、蒸汽轮船、蒸汽机车等。工业革命推动了人类历史的进程。

1. 电话是谁发明的？

2. 谁发明了发电机？

3. 热力机和发电机，哪一个严重破坏了地球环境？

文中提到的瓦特是英国人，幼年时由于家庭条件不好，没有念过多少书，但是瓦特在动手操作和数学上，却极有天分。后来他和朋友在格拉斯哥大学租了间小宿舍开始进行蒸汽机的研究。1774年，瓦特将自己发明的蒸汽机进行批量生产，获得了巨大的成功。后人为了纪念他，就把“瓦特”作为功率的单位，沿用至今。

第四十三章 社会革命

名师导读

工业革命的发生，推动了社会的进步，传统的手工作坊被机器大生产取代。在社会发展的过程中，诞生出新兴的资产阶级。资产阶级操纵法律，压榨工人，引起工人的反抗，资本家就准备通过武力对工人进行镇压。下面，大家就走进书中，一起来了解情况吧！

机器引发的社会变革

随着新机器的发明，以前在小作坊工作的工匠们不得不出卖劳动，被大机器雇佣。①虽然他们能挣到更多的钱，但他们失去了自由。他们也不喜欢现在的生活。

❶转折　这里强调的是工匠们失去了自由。

以前，世界上的工作都是由小作坊里的工人们用手中的工具完成的，在不违背行会规定的前提之下，他们可以经营他们想要经营的任何业务。他们生活朴素，为了维持生计必须每天工作很长时间，但那时他们是自己的主人，他们可以自由安排自己的生活，不受别人的阻止。

后来，机器出现了，一切都变了。其实，机器只是能够帮助提高人们的工作效率或者让人们的生活更加便利的工具。但这些工具不是属于一个人的，而是一群人合资购买的，然后他们按照投资购买的比例来分配他们挣到的利润。因此，当机器开始有实际价值并且能够带来利润的时候，生产这些工具的人就开始找寻买主了。

❶解释说明

写出了中世纪时土地是财富的象征。

[1] 中世纪初的时候，只有土地才能代表财富，所以只有贵族才被认为是有钱人。当时社会还采用的是以物换物的交易方法，贵族手中的金银财宝根本没有作用。十字军东征的时候，普通民众从东西方的贸易之中赚取了不少财富，贵族和骑士们开始把他们视为对手。

法国大革命摧毁了贵族手中的财富，提高了中产阶级的地位。革命之后的日子又为中产阶级的发展提供了条件。直到机器时代，他们所拥有的财产已经远远超过了他们正常生活所需的财产，他们已经可以自己开工厂，雇佣工人了。

读书笔记

这个举动改变了很多人的生活。几年之内，很多城市人口增长迅速，城市被各种粗糙简陋的建筑包围。工人们每天工作十一至十三个小时。

在乡村，人们总是说着要到大城市挣大钱，所以很多人拥入城市。他们在那些密不透风的工厂里奋斗挣扎，那里的环境恶劣，他们的身体越来越差，最后只能悲惨地死在医院或者贫民院。

当然，不是没有人反抗从农村到工厂的这种转变的。① 因为一台机器的工作效率能抵得上一百个人，于是九十九个人会因此丢掉工作，他们不满这样的情况发生，所以他们袭击工厂、烧毁机器进行反抗。但保险公司总能补偿工厂的损失，他们无力反抗。

❶因果联系

机器的使用，虽然大幅度提高了工作效率，但是导致了大量的工人失业。

新的经济观

很快，更先进的机器也投入使用了，暴乱也渐渐停止。在这个新的时代里，行会没有了生存地位，很快就消失了。工人们想要组织一个新的工会，但是工厂主们依靠立法机关，通过了禁止组织工会的条令。

你一定不要误以为，通过这项条令的议员们都是居心叵测的暴君。这个时代是个“自由”的时代，“自由”是当时人类的最高品德，② 工会是没有权利决定工人的工作和报酬的，但是工会可以保证工人按照自己的意愿出售自己的劳力，雇主也可以“自由”经营工厂。国家掌握的“重商主义”已经结束了，新的自由经济观认为，国家应该任凭商业按照自己的路线发展下去。18 世纪下半叶是一个知识和政治动荡的年代，旧的经济观被新的顺应时代发展的经济观取代。在爆发法国革命的前几年，路易十六的财政大臣蒂尔戈曾宣扬过新的“自由经济”，他坚持取消政府监管，让人民按照意愿发展经济。他的理论受到了经济学家的

❷解释说明

解释了当时出现的一个叫作“工会”的新组织的作用。

读书笔记

一致认同。

同时，亚当·斯密正在写《国富论》，呼吁“自由”和“贸易的自身权力”。三十年后，拿破仑下台，欧洲的反动势力再次在维也纳聚集，欧洲人得到了自由的经济生活。

大量的事实证明，机器的使用给国家带来了很多的好处，增加了社会财富。资本家谋取了暴利，导致他们野心膨胀，开始渴望参与政治，与还控制着土地的贵族一较高下。

英国的国会议员还是依照1265年皇家法令推举出来的。① 1832年，资本家通过修正法案，改变了选举制度，工厂主获得了在立法机构的权力，却引发了工人的不满。工人们开始争取选举权，完成了《大宪章》。争论一天天激烈，直到1848年爆发欧洲革命时还没有停止。英国政府担心类似雅各宾党的流血革命再次发生，开始秘密为镇压即将爆发的革命做准备。

①解释说明

写出了工人与资本家的矛盾。

最后，宪章运动失败了，革命也没有爆发。工厂主拥有权力，工业依旧在进一步发展，贫富差距也逐渐拉大。

注释

一较高下：通过某种较量，最终分出彼此实力的高低。

随着工业革命的兴起，各行各业发明了许多新的机器。这些机器被用于社会化大生产，导致了手工作坊的关闭。原有的工匠们被资本家雇佣，接受资本家的剥削，这引起了工人阶级的强烈反抗。在英国，就爆发了工人阶级为争取选举权的宪章运动。这个案例说明，用和平的方式来进行社会革命，是很不现实的。

1. 宪章运动爆发于哪个国家？

2. 宪章运动中，工人要求争取什么权利？

3. 宪章运动的结果如何？

相关链接

英国的宪章运动，发生在1836年到1848年之间。当时的资本家占据了统治地位，后来工人提出《人民宪章》请愿书，要求取得普选权，有机会参与国家管理。宪章请愿活动一共进行了三次，最后遭到军警的镇压，宪章请愿协会也被迫取消。但是，它是无产阶级第一次向资产阶级争夺政治权力的斗争，是欧洲早期三大工人运动之一，具有深远的意义。

第四十四章 科学革命

名师导读

前面，我们了解到工业革命促进了社会生产率的提高，今天要了解的是科学革命。它打破了宗教愚昧政策，破除了封建迷信思想，从而让科学和真理走进了人们的心灵。

对科学的误解

在经历了无数迫害之后，科学家们终于得到了行动上的自由，现在，他们正努力研究宇宙的规律。

❶对比修辞

反映了基督教的愚民政策和对科学的封杀。

① 早期的埃及人、巴比伦人、希腊人、罗马人和迦勒底人都曾为科学的研究发展做出过贡献，但4世纪的大迁移后产生的基督教却将科学视为对上帝的窥探，与《圣经》里的七重死罪有关。

文艺复兴打破了中世纪的偏见，但后来的宗教改革却不满“新文明”的产生。科学家们又一次被威胁到了。

我们的世界上有很多将军的塑像，但也有很多平凡安静的大理石碑，那里埋葬的是某位科学家。现在我们也许会学习尊重那些科学家的勇气和牺牲精神，因为是他们的不懈努力才让我们有了现在的生活。

① 这些科学家中有很多人经历过贫穷和被人蔑视嘲笑。他们生活在阴暗之中，不敢向世人公开自己的研究成果。他们把自己的手稿偷偷送去某个地下印刷所出版。教会的人都不同情他们，他们永远是被攻击的对象。

❶正面叙述 一些伟大的科学家，正处于基督教势力横行欧洲的黑暗时代。

他们也许能去一些地方避难，比如宽容的荷兰，那里的人不会去干涉他们，于是那里有来自各地的学者。

我曾说过 13 世纪的天才罗吉尔·培根是如何被迫不能提笔，而五百年后撰写《百科全书》的人还处在监视之下，又过了半个世纪后，达尔文因为质疑《圣经》而被批评，甚至很长一段时间，一直都有科学家被迫害。

但事实证明，科学的发明与发展造福了整个社会。

读书笔记

科学取得了成功

17 世纪的时候，科学家们开始研究宇宙，但仍然遭到教会的反对。第一个证明太阳是宇宙中心的哥白尼，直到死前才敢发表自己的论文，而伽利略虽然一直被教会监视着，还是不放弃用望远镜研究星空，他的这些观察大大帮助了牛顿发现“万有引力定律”。

“万有引力定律”的发现激发了人们对宇宙的兴趣，他们开始研究地球。17 世纪中期，② 列文虎克是世界上第一个用放大透镜看到细菌和原生生物的人，这些发现为以后研究微生物提供了便利，也奠定了研究细菌学的基础。19 世纪 40 年代之后，人们发现了很多带来疾病

❷解释说明 显微镜的出现为人类做出了贡献。

读书笔记

的微生物，使得世界上很多疾病有治疗的可能。显微镜还帮助地理学家研究岩石和化石，而这些研究证明，地球的历史比《创世记》的描述还要悠久。1830 年，查理斯·莱尔爵士出版了《地质学原理》，否定了创世说，讲述了地球的发展。

同时，在争取了很久之后，解剖学家和生理学家终于得到允许，可以解剖尸体，他们终于可以通过科学的研究来反驳中世纪时一些荒谬的猜测了。

自从人们开始研究宇宙，科学各个领域的发现取得的成就在以前几十万年的成果之上。而这些发现对于那些接受过旧的教育的人来说确实是难以忍受的。科学家们虽然没有明确指出人类是猴子的后代，但是他们却暗示了人类是由猴子进化而来的，其家族的源头可以追溯到地球上最早出现的[1]生物——水母。

❶解释说明

这里的破折号起着解释说明的作用。这个解释对基督教是个沉重的打击。

19 世纪的世界是充满尊严的。中产阶级的人们，自然使用着煤气和电灯，还有其他科学的发明。但那些研究科学理论的人却一直遭到质疑。直到不久前他们的研究才被人们认可。今天，富人们开始投资修建实验室，科学家们为了给人类带来更幸福健康的生活而不断努力着、牺牲着。

实际上，是人类无知，才会认为有很多无法治愈的疾病。[2]现在，就连小孩子都知道，只要喝干净的水就会少生病。但那时医生却是经历了很多努力才让人们相信这个观点的。1846 年，报纸报道乙醚可以进行麻醉，很多人都不相信，那以后很多年，乙醚和氯仿才被广泛用于手术麻醉。

❷对比修辞

在黑暗的中世纪，医生要使人们很快接受某个观点，是不现实的，是需要时间的。

读书笔记

但是最终，对科学的追求还是胜利了。随着时代的进步，社会变得更加先进，但进步的人们很快又面临了一道新的障碍。为了摧毁这道障碍，很多人献出了自己的生命。

精华赏析

在基督教统治欧洲的黑暗中世纪，科学家们为了自己的科学研究，付出了很大的代价。哥白尼提出了日心说，到死前才敢发表；伽利略的科学研究遭到了基督教会的严密监视。牛顿发现了“万有引力定律”。人们发明了显微镜，为打破宗教禁锢揭示真理奠定了基础。

延伸思考

1. 世界上最早的生物是什么？
2. 哥白尼提出了什么学说？
3. 谁是世界上第一个用放大透镜看到细菌和原生生物的人？

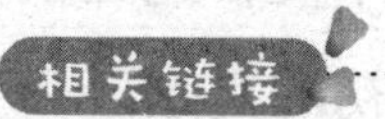

相关链接

科学家伽利略，是意大利著名的天文学家、数学家，著有作品《天平》，被称为“当代的阿基米德”。后来，因为反对教皇，被罗马教廷判处终身监禁。晚年的伽利略，双目失明，生活十分凄凉，但是临终前仍在从事科学研究。

第四十五章　艺术的发展

名师导读

欧洲的艺术，以辉煌灿烂的绘画著称于世，还有宗教、音乐等。其中，绘画有以马奈、塞尚、梵高等为代表的印象派，有以马蒂斯为代表的野兽派等。欧洲的雕塑以西欧为典型。下面，让我们一起来了解这一情况吧！

艺术的起源

❶对比修辞

这里肯定的是后者，婴儿觉得这是最美妙的声音。

一个婴儿吃饱喝足之后会哼出一首小曲来表达自己内心的幸福感，[1]虽然在成人听来这是没有意义的声音，但对于婴儿来说，这是最动听的声音，正是他们，做出了对艺术最初的贡献。

当这些婴儿长大之后，他们会坐在地上玩泥巴。成人对泥土不感兴趣，但孩子却捏出各种各样的形状，他们又一次促进了艺术的发展。现在，那些孩子已经是雕塑家了。

这些孩子三四岁的时候，他们的双手可以听从大脑的指挥了，于是他们成了画家，用妈妈买的画笔在纸上画出各种各样奇奇怪怪的东西。

然而，不久之后，这样肆意发挥的阶段就结束了，他们开始上学了。他们的时间被没完没了的功课占满，他们再没有时间玩“艺术”。他们渐渐长大，渐渐忘记了自己生命的前五年都是奉献给了艺术的。

[1] 民族的发展就跟孩子成长的过程很像。居住在山洞的人建设自己的家园，创造自己认为美好的事物，尽管这些事物对于帮助他与猛兽搏斗毫无作用。

❶类比修辞 突出了民族发展和孩子成长过程的相似性。

当埃及人、巴比伦人、波斯人和其他的东方民族在尼罗河和幼发拉底河岸建立自己的国家时，他们为国王修建美丽的宫殿，为女人打造首饰，用美丽的花草树木装饰自己的花园。我们的祖先来自中亚草原，是一个游牧民族，也是热爱自由的战士。他们写出了很多赞美领袖战绩的歌谣，还发明了诗歌。

过了一千年，他们在希腊安家落户，建立自己的小国家。他们修建庙宇，创造雕塑，创作话剧，用一切他们能想到的艺术形式来表达心中的感情。

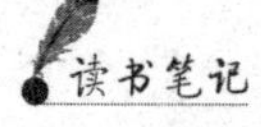

罗马人与迦太基人一样，因为他们只重视掠夺和挣钱，并不在意这些精神创作。所以虽然他们征服了大半个世界，他们创造的建筑形式大大满足了那时的需要，但是他们的其他艺术形式都是希腊原作的拉丁翻版。他们缺少个性，所以他们创造不出好的艺术。

很快，“黑暗时期”就到来了。日耳曼部族闯进西欧。他们把他们看不懂的东西丢弃摧毁，不久以后他们终于发现自己做错了，想要挽回，但那时丢弃的东西已经无法弥补了。

宗教艺术

读书笔记

中世纪，从东方引进的艺术得到了发展，变成了“中世纪艺术”。而在欧洲北部，“中世纪艺术”却是日耳曼的一种精神产品。人们很少使用希腊和拉丁艺术，与埃及和亚述的艺术也没关系，更别说印度和中国了。北方日耳曼民族基本没有受到南方的影响，这导致他们创造的建筑被人蔑视。

你一定听说过“哥特式”这个词，这是什么意思呢？事实上，它代表了“不文明”“粗俗”的东西。在南方人眼中，哥特人是个落后的民族，他们丝毫不了解古典艺术，他们修建的建筑恐怖而且低级。

但是，曾经有好几个世纪，哥特式建筑被认为是艺术的最高境界。

在古希腊和罗马，庙宇就在市民生活的中心。中世纪的教堂是新的中心，而新教徒每周只去一次教堂，根本不懂教堂的意义。而在那时，婴儿刚出生就要被送到教堂受洗，孩童时期他们要经常去聆听《圣经》，后来他们会变成教堂的会员。如果他们富有，他们还会为自己建一座教堂，供奉自己家族的守护教堂的圣人。①那时教堂在白天和大部分夜晚开放，像是一个俱乐部。

❶比喻修辞

本体是教堂，喻体是俱乐部。说明教堂是市民生活的中心。

由于中世纪的教堂不仅是上帝的宫殿，也是人们生活的中心，所以它的建筑风格与普通建筑不同。埃及人、希腊人和罗马人的庙堂只是一个供奉神祇的地方，不需要太大的空间，而在古代地中海，所有的宗教活动都是在室外进行的，但是对于天气恶劣的欧洲北部来说，大部分宗教活动都在室内进行。

读书笔记

在很长一段时间里，建筑师都不断研究着怎样建造一个足够大的建筑物。在罗马建筑中，他们学会了必须用小的窗户配备沉重的石墙，不然墙容易坍塌。到12世纪时，十字军东征开始，建筑师受到清真寺穹顶的启发，建造出能够满足当时宗教活动需要的建筑。没过多久，他们又进一步完善了哥特式建筑。他们创造了一种拱顶，这种拱顶是被支撑起来的，但是如果拱顶太重的话，墙壁容易坍塌。为了解决这个问题，一些建筑师开始用扶垛进行巩固，后来他们又发明了飞垛来支撑屋顶。

这种建筑方式使得开大窗户成为可能。[1] 12世纪时，玻璃还是一种奢侈品，很少有建筑安装玻璃窗。

❶解释说明

写出那个时代还不流行安装玻璃。

但幸运的是，古地中海的人们制作彩色玻璃的工艺还在流传，于是在那时又复兴了。不久后，哥特式教堂的窗子上就出现了用小的彩色玻璃拼写的《圣经》故事。

就这样，教堂里开始可以容纳很多人，信仰的境界在这时到达了顶峰。人们不惜一切代价完善教堂，于是失业在家的雕塑师们又可以工作了。他们在正门、廊柱这些地方雕刻上帝和圣人，绣工们也绣出好看的挂毯装饰教堂，珠宝匠精心装饰祭坛，画家也努力做出自己的贡献。

这就引出了另一个故事。

❶解释说明

用小的彩色玻璃装饰庙宇的工艺非常复杂，很少能流传下来。

[1]在基督教创立初期，罗马人用小的彩色玻璃装饰庙宇，但是掌握这项工艺并不简单。于是，这项工艺到中世纪就结束了，只有俄罗斯还保留着。在君士坦丁堡被攻占之后，拜占庭的镶嵌画家都逃去了俄罗斯，他们继续用彩色玻璃装饰教堂，直到布尔什维克革命爆发。

绘画的顶峰

中世纪的画家可以用熟石膏调制颜料后在教堂的墙壁上画画，这种画法流传了几个世纪，但现在画家中很少有人会这种调制方法。然而对于中世纪的画家来说，没有比这更好的材料了。这种调料法有个缺点就是用不了几年石膏会从墙壁上脱落，或者湿气会毁了画面。人们尝试用别的东西取代石膏水，但都失败了。这种试验进行了一千多年。

读书笔记

直到 15 世纪上半叶，这个问题才被扬·凡·艾克和胡伯特·凡·艾克两人解决。他们把颜料和一种特制的油相混合，于是颜料就能够吸附在任何东西上了。

❷对比修辞

随着时代的变化，艺术的发展之路也不是一帆风顺的。艺术已经变为谋生的手段了。

但是这时，[2]人们已经不再对宗教狂热了，艺术只是为了谋生。这个时代艺术家开始为雇主服务，他们给国王和富有的人创作画像。

不久后，新的油画法就在欧洲流行起来，几乎每个国家都有一个画派，他们的作品就反映了那个地区的特色。在西班牙，有贝拉斯克斯绘出的宫廷小丑、皇家挂毯厂的工人和其他关于皇家和宫廷的人物；在荷兰，有伦勃朗描绘商人和他的家人；在意大利，米开朗琪罗还在画着圣母和圣人；而在法国，艺术家们则在描绘着政府高官和陛下的女人。

戏剧和音乐的发展

教会的衰退和新的社会阶级的出现对绘画领域和其他艺术形式领域都产生了冲击。印刷术的发明，给作家们提供了机会。但是买得起书的人并不是整天闲着无聊的人。[①]有钱人开始需要娱乐，中世纪的游吟诗人已经无法满足人们了，职业的剧作家终于又有了用武之处。在中世纪，戏剧是宗教活动中助兴的工具。13、14世纪，悲剧上演的都是耶稣的故事。16世纪出现了剧场。起初，剧作家和演员的地位都很低，莎士比亚曾经被人认为是类似于马戏团成员的人。但是当他去世的时候，他开始被人尊敬，演员也不再地位低下了。

❶解释说明

写出了戏剧东山再起的缘由。

那以后，戏剧渐渐开始被观众喜爱，剧院成为每个城市必不可少的存在。

还有一种受人欢迎的艺术形式，就是音乐。很多的艺术形式都需要反复的训练才能被掌握。为了学习表演或者学会写小说，有些人甚至用了一生的时间。而对于普通人而言，学会欣赏绘画、小说或者雕塑，也是需要一定训练的，但是音乐就不需要。所有人都能在音乐中感受到乐趣。中世纪的时候，人们能听到的几乎都是宗教音乐。因为宗教音乐有规定的节奏，人们渐渐觉得它单调无聊，而且圣歌也不适合在公共场合唱诵。

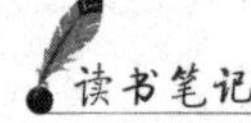

文艺复兴使得音乐又一次成为人们的朋友。

读书笔记

早期，埃及人、巴比伦人和犹太人都是爱好音乐的人。他们甚至还会组建乐队。但是希腊人很反感这些声音，他们喜欢的是庄严的诗歌。而罗马人正好与他们相反，他们喜欢乐器，发明了很多沿用至今的乐器。

读书笔记

后来大迁徙时代到来，最后一批罗马音乐家要么死于战争，要么成为流浪艺人。到了中世纪末期，世俗文明在城市兴起，人们开始需要音乐家。一种类似于羊角号的乐器经过改造，已经能够演奏出能在舞厅或者宴会厅播放的乐曲了。还有一种古老的吉他，它的历史可以追溯到古埃及和亚述。在那时，六弦乐器已经改造成了现代的四弦小提琴。最后，钢琴诞生了。它是所有乐器中流传最广的，人们曾经将它带去很多地方。最早出现的键盘乐器是风琴，那时乐手演奏的时候还需要别人帮忙拉风箱。那个时代的音乐家想要找到一种简便的音乐。到了11世纪，一个叫奎多的人创造了一种乐音注释体系，并且一直沿用至今。同一个世纪，当人们渐渐对音乐感兴趣的时候，① 世界上第一件键弦合一的乐器出现了。它的声音清脆悦耳。在维也纳，流浪街头的音乐家们于1288年组建了第一个音乐家行会。人们改造了击弦古钢琴，这架钢琴从奥地利流传到意大利，又被改进成“斯皮内特”，这是以它发明者的名字命名的。1709年到1720年，一种新的钢琴出现，又经过多次改进，最后成为现代钢琴。

①正面叙述　简要地介绍了现代钢琴发展变化的历史。

这样，世界上出现了第一种很容易学会的乐器。它不需要调音，弹奏的声音悦耳动听。早期的钢琴使得关于音乐的知识很快在社会上普及，音乐家成为受人尊敬的人。后来，音乐被成功运用到戏剧表演中，现代歌剧因此诞生。起初只有很富有的贵族才能请得起歌剧团，但很快很多城市就有了自己的歌剧院。最初是意大利人，后来是德国人的歌剧最受人欢迎。

读书笔记

到了18世纪中期，欧洲的音乐开始快速发展。那时，巴赫出现了。他是一位风琴师，演奏各种各样的音乐，为现代音乐奠定了基础。1750年他去世时，莫扎特继承了他的事业。他创造出很多欢快的乐曲。[①]后来是贝多芬，他是个悲剧人物，给人们带来了现代交响乐，但他的双耳失去了听力，没有机会听到自己的作品。

❶解释说明 介绍了大音乐家贝多芬。

贝多芬经历了法国大革命，他把自己创作的交响曲献给了拿破仑。但是他1827年去世的时候，拿破仑已经病死了，法国大革命已经结束了，整个世界与《第三交响曲》描述的完全不一样。

实际上，油画、雕塑、诗歌还有音乐对新的世界并没有任何意义。以前保护艺术的王公贵族这些人已经不在了，工业世界的新贵们忙于赚钱，没有空闲去研究艺术。工人们整日忙着工作，也不再能够欣赏艺术。

艺术沦为被新工业时代抛弃的东西。幸存的一些绘画，最多能够被存放到博物馆中，而音乐再没有聆听者。

读书笔记

虽然发展路程艰难，但艺术最终还是找回了自己。人们终于意识到，没有艺术的世界，就像是没有儿童欢声笑语的幼儿园。

欧洲诞生了辉煌灿烂的艺术。建筑方面，有哥特式建筑，虽然它曾经被人蔑视。宗教衰落后，人们开始寻找新的娱乐，于是戏剧东山再起。绘画方面，画画已经沦为谋生的手段了。音乐方面，人们讨厌宗教音乐的单调无聊，于是众多音乐家出现了，创作出了很多享誉全球的音乐作品。

1. 西欧的建筑主要是什么特点？
2. 西欧音乐的源头是什么？
3. 著名的大音乐家有哪些？

贝多芬（1770—1827），德国人，家庭穷苦。贝多芬经常遭到父亲严厉的管教和打骂。贝多芬在五岁的时候得了中耳炎。二十六岁时，他感觉听力明显减退。后来，他到了维也纳，开始跟莫扎特学习作曲。晚年时，贝多芬的听力完全丧失。他一生创作了《月光奏鸣曲》《英雄交响曲》《第九交响曲》等重要作品。

第四十六章　殖民扩张运动

名师导读

提到殖民扩张运动，就不得不提到老牌的殖民国家，如西班牙、葡萄牙、荷兰、英国、法国等。殖民扩张从16到19世纪，欧洲的殖民国家积累了巨额的财富，并且把这些财富转化为资本。下面，就让我们一起来了解殖民扩张运动的历史吧！

讲述历史的原则

如果我早知道写一部关于世界历史的书这么难，我一定不会轻易开始写。现在这本书即将完成了，我发现其中有一些章节的内容确实十分有趣，但也有些章节的内容无聊且没有意义。我想要重新写，但是出版商不同意。

①为了解决这个问题，我只好想了一个办法。我把手稿给几个朋友看了，让他们提一些建议。但这个方法也没有收获，因为他们各有各的喜好和偏见，各有各喜

❶解释说明

为了解决书稿中有些章节的内容无聊且没有意义的问题，作者向朋友寻求帮助。

欢或者不喜欢的历史人物。

“现在这些手稿你写得很好，”一个批评家说，“但是你没有考虑到清教徒，我觉得他们应该有更多篇幅。”我回答他说，① 我写的是“人类的历史”，而清教徒应该在美国历史中占的篇幅多一些。因此我用一页的篇幅来写清教徒，应该是差不多的。

❶解释说明

针对批评家提出的要求，作者在这里进行了解释。

然后我又引起了专家们的质疑。为什么我不能用很多篇幅讲述恐龙时代生存的克罗马农民呢？他们在十万年前就发展了高度的文明呢！

② 我为什么没有提到他们呢？因为我并不惊讶于他们的完美。18 世纪，几个著名的哲学家创造了“高贵的野蛮人”的说法，他们想象着有一群生活在原始社会的幸福的人类。现代的科学家又把这个说法改成了“辉煌的野蛮人”。我们赞美他们描绘出的图案和雕刻出的人像。我并没有说这些科学家的做法是错误的，只是我想，我们并不是很了解这个时期，想要准确地描写这个时期并不容易。所以我宁愿不谈及这些我并不了解的事情，也不愿意随意地胡说。

❷解释说明

作者解释了没有详细讲述克罗马农民的原因。

还有一些批评家说我不公平，说我没有提到爱尔兰、泰国这些国家，却提及了荷兰、瑞士这些小国家。我说，我并没有随意地写某个国家，它们就存在于那个时代，我无法忽视它们。我写书只有一个原则，就是“某个国家或者个人创造出的一个新的观念或者行为，影响了历史的发展”。我并不是用个人的好恶在讲述，而是根据自己冷静的、精确的判断在讲述。在

读书笔记

历史上，没有任何一个种族比蒙古人更加形象和传奇，也没有任何一个种族对人类历史的进步所做的贡献比蒙古人还要多。同样，荷兰历史的有趣之处在于，这个小国家曾经为很多有自己思想的奇特的人物提供了安全的避难之处。

读书笔记

因为我的观点是有个人的主观情感的，我想讲述一个事实。我们去看医生的时候，首先要了解那个医生是外科医生还是内科医生，我们要知道他是从哪个方面为我们看病的。在选择历史学家的时候，我们也像在选择医生一样。我们常常认为“历史就是历史”，所以随意地读历史书。但是身份不同的两个历史学者，他们看待人类关系问题的角度是不一样的，他们的身份会影响他们写作的内容。

读书笔记

在这本书的前言中，我说过自己不是一个完美的历史学家。现在这本书将要写完了，我希望可以重申一下这句话。我的家庭充满着老派的自由主义气氛，我每天受到达尔文和其他19世纪著名科学家思想的熏陶。小时候我常常跟舅舅待在一起，他有很多16世纪法国散文家蒙田的著作。因为我出生在鹿特丹，在高达市上学，我对埃拉斯穆斯十分了解。后来我又知道了一位法国作家阿纳托尔·法朗士，我第一次看的英文作品是萨克雷写的《亨利·艾斯芒德的历史》，这本书给我留下了很深的印象。

读书笔记

如果我出生的城市是美国一个自由欢乐的中西部城市，我可能会对小时候听过的赞美诗有异样的感情。

但实际上，我对音乐最早的记忆是在我童年的一个午后，我的母亲第一次带我听巴赫的赋格曲。他的音乐使我感动，以至于后来我每次听到赞美诗，都觉得是一种折磨。

读书笔记

如果我出生在意大利，从小沐浴在阳光下长大，我一定会热爱华丽鲜艳的画作。但现在我却对它们没有任何感觉，因为我对艺术最初的印象来自一个阴暗无光的国家。那里很少有阳光，土地上永远布满雨水。

我之所以讲述这些事情，是希望你们可以理解我个人的偏见，然后更好地理解这本书。

殖民扩张运动

说完上面这些必要却偏题的话之后，现在我们重新回到最后五十年的历史上。这段时间发生了很多很重要的事情。那时，大部分的强国已经不是单纯的政治体了，它们变成了一个大企业。它们修建铁路，开辟航线，建立电报线。它们还在不断扩张自己的殖民地，非洲和亚洲的土地常常被强国占有。德国是非洲西南和东部一些地区的拥有者，在喀麦隆、新几内亚和一些太平洋岛定居，还强占了中国黄海附近的胶州湾。俄国占领了西伯利亚，又进一步侵占了中国的旅顺。日本在 1895 年甲午战争中强占了中国的台湾，1905 年又掠夺了朝鲜。1882 年英国占有了埃及，在那里得到了丰厚的利益。后来的三十年间，英国进行

读书笔记

了一系列的殖民战争。1902 年，经过三年的奋战，英国终于征服了德瓦士兰和奥兰治自由邦。

1885 年，比利时国王利奥波德利用探险家亨利·斯坦利的发现建立了刚果自由邦。最初，这个帝国实行“绝对君主专制”，1908 年比利时将它纳入自己的殖民地，并且废除了各种滥用权力的恐怖行动。

读书笔记

至于美利坚合众国，它已经拥有很多土地了，因此并没有很大的扩张欲望。但是，西班牙人在古巴的统治措施，迫使华盛顿政府采取各种行动将它赶出古巴，而波多黎各和菲律宾就成了美国的殖民地。

世界经济的发展是十分自然的。在英国、德国和法国，工厂数量飞速增长，并且需要很多的原料产地。欧洲劳工的飞速增长也使得对食物的需求量增加。世界各地都需要开拓市场。

对于那些准备开通维多利亚湖航线或者修建山东铁路的人来说，欧洲发生的政治事件已经不重要了。他们已经不想为欧洲的事情操心了。几个世纪以来，欧洲东南部的巴尔干半岛就一直是一个是非之地。19 世纪 70 年代，塞尔维亚、保加利亚、门的内哥罗和罗马尼亚再次爆发了争取自由的斗争，土耳其人也在西方列强的支持下奋力镇压起义。

读书笔记

1876 年，在保加利亚经历屠杀之后，俄国不得不出面干涉。1877 年 4 月，俄国军队攻克了希普卡要塞，很快又攻克了普内瓦那，并且一路向南到达了君士坦丁堡。土耳其向英国求助并且得到了帮助，最终俄国不得不在1878年签订了《圣斯特法诺和约》，而巴尔干问题就留给了同年召开的柏林会议。

读书笔记

这次会议是迪斯雷利掌控的。这个老人是连俾斯麦都敬畏的人。在柏林，这位英国首相维护着土耳其的利益，门的内哥罗、塞尔维亚和罗马尼亚都获得了独立，保加利亚也获得了半独立。但是因为英国太重视土耳其、苏丹了，这几个国家都没有得到发展的机会。

更不幸的是，柏林会议允许奥地利夺走波斯尼亚和黑塞哥维那。奥地利把它们管理得很好。

那个时代的奥匈帝国首府乌斯库勃很早就是塞尔维亚的文明中心了。谁都忘不了曾经的辉煌，人们对于奥地利人能够管理这两个地区感到十分愤懑。他们认为这两个地方是自己的领土。

1914年6月28日，奥匈帝国王储斐迪南遭到一个塞尔维亚学生暗杀后身亡。

读书笔记

这次恐怖灾难是点燃第一次世界大战的直接导火索，但这并不能归咎于那个刺杀斐迪南的人或者奥地利的受害者。战争的根源应该追溯到柏林会议，因为那时欧洲只顾着发展物质文明却忽略了巴尔干半岛上一个古老民族的渴望和梦想。

精华赏析

航海大发现和《马可·波罗游记》对东方财富的描述，在欧洲兴起了向东方寻求财富的热潮。从16世纪开始，欧洲殖民者不断到世界各地特别是非洲和亚洲强占土地，将其变为自己的殖民地；他们抢夺财富，据为己有，从而积累了巨额的财富和雄厚的资本。19世纪时，他们又开始了新的殖民运动，参与镇压中国太平天国运动和义和团运动，镇压印度民族解放运动等，其罪恶真是罄竹难书。

延伸思考

1. 中国太平天国运动的最高领导人是谁？
2. 印度民族大起义发生在什么时候？
3. 掌控柏林会议的厉害角色叫什么名字？

相关链接

文中提到的第一次世界大战，发生在1914年到1918年间。奥匈帝国的王储斐迪南被刺事件是第一次世界大战的导火线。一战的双方是协约国和同盟国，最终同盟国战败，奥匈帝国领土被瓜分，德国遭到了制裁。第一次世界大战促进了殖民地人民的觉醒。

第四十七章　一个崭新的世界

名师导读

第一次世界大战，涉及三十多个国家，伤亡人数达到三千多万，有十五亿人卷入战争中。这值不值得？对于这个问题，作者在书中做了明确的回答。下面，让我们一起来了解这段历史吧！

法国大革命以后的事儿

❶解释说明

对孔多塞侯爵进行了详细的介绍。

①孔多塞侯爵是法国大革命的倡导者中最高尚的人，他不惜牺牲生命以求胜利。他曾经是达朗贝尔和狄德罗撰写《百科全书》时的一个助手，大革命爆发的前几年他一直是公会里温和派的首领。

那时候激进分子控制政府，屠杀反对派，而孔多塞就一直是被怀疑的对象。他们说他是不受法律保护的人。他拒绝了好友的保护，偷偷逃往老家。接连三天，他食不果腹，衣不蔽体，浑身是伤。他在一家店讨些吃的，但被乡民搜查。他身上的一本诗集被搜出来了，这证明了他不是个平凡人。那时所有受过教育的人都是革命的敌人，乡民将他关进了拘押所。第二天他就死了。为了人类的幸福，他牺牲了自己的生命。

读书笔记

我们的世界刚经历了一场痛苦，相比之下，法国大革命只是一次偶然事件。巨大的震撼破灭了人们心中最后一丝希望。他们曾经赞颂人类的进步，但为了得到和平，他们经历了四年的战争。这值得吗？

值得。

第一次世界大战是一场灾难，但是它开启了一个新的时代。

解释历史

写一本关于古希腊、古罗马或者中世纪的历史并不难。生活在那个世界的人们早已经离开，我们可以冷静地评价他们。但是要描述一件现在正在发生的事情却很难，那些难题困扰着与我们同时代的人，当然也困扰着我们。它们的存在让我们很难公平地去描述一件事，但历史却需要我们公平。但不管怎样，我一定要解释一下为什么我同意孔多塞对美好的明天的坚定信念。

人类历史分成四个阶段：古代、中世纪、文艺复兴和宗教改革、现代。“现代”这个词其实挺危险的，它仿佛在告诉我们，我们生活的年代已经是人类进步的顶峰了。五十年前，英国自由主义者认为，让工人与雇主可以享有同等的政治权力，建立一个真正的议会制民主

读书笔记

读书笔记

政府的问题就能被解决。当迪斯雷利和他的朋友一起批判这个观念时，他们进行了否定。他们对自己的事业很有信心，相信社会各阶级会通力合作，共同发展政府。但后来发生了很多不如意的事情，这些人终于意识到他们太乐观了。

任何一个历史难题都没有准确的答案，每代人都必须重新奋斗于自己的事业。

设想一下，生活在公元 1 万年的我们的子孙，他们也会学习历史，对于历史，他们也会重新进行理解。

第一次世界大战是新世界成长的一次阵痛。在未来，人们会创作出很多书籍来讨论这场战争，用大量的事实来证明战争的挑起和停止。每个国家都试图为自己参与战争找一个完美的借口，将挑起战争的责任推卸给别人，而自己永远是正义的一方。

过了一百年，历史学家就不再理睬这些借口了，他们会研究这些战争参与者的真实动机。①他们发现战争的爆发不是因为某一个人，而是因为整个社会的发展。

①并列 指出了战争爆发的根源。

19、20 世纪的欧洲

事情就是这样。一千年以后，历史学家研究欧洲时会发现，当很多人都在关注民族战争时，还有一群人整天在研究科学，研究大自然。然后在很短的时间里，他们发明出来的东西被投入使用到很多地方。

工厂的发展需要原料和煤，那时很多人的思想还停留在 16、17 世纪，认为国家是一个王朝或者政治组织。

中世纪的制度不知所措地面对着工业化带来的问题，它努力解决着这些问题。每个国家都到处扩张殖民地。

读书笔记

有时会有两个国家同时找到同一片土地，然后爆发一场战争。20世纪初，俄国和日本为了争夺中国的土地就发起过战争。实际上，战争这个概念在当时已经很荒谬了。人们生活在一个新的世界，商业发展，贸易和工业进步，很少有人会发觉，国家制度的发展永远在时代发展之后。

结束语

读书笔记

打个比方，埃及人、罗马人、希腊人、威尼斯人以及生活在17世纪的商人，他们乘坐着一艘名叫“国家”的船。这条船坚固牢靠，船员熟知水性，但他们也知道航海术的不足。

盛产机器和钢铁的新时代的出现，使得整条船都发生了变化。不知不觉中，这条船已经变成了一艘现代远洋轮。但驾驶船的人还是同一批人，他们运用的还是以前的航海术，他们其实完全不能胜任了。

其实，国际政治的大海并不广阔，很多船在不广阔的海域航行，发生了不少事故。直到现在，那片海域还残留着船只的残骸。

读书笔记

这个故事的寓意很简单。现代世界需要能够担任新职责的新的领导者。他们必须有远见，有胆识，必须知道我们的旅程才刚刚开始。他们需要经过学习，排除万难才能胜任领导者的职位。也许会有心怀嫉妒的船员迫害他们，但总会有一个人，能够把船安全驶入港湾。这个人也会是时代的英雄。

精华赏析

第一次世界大战造成了巨大损失，但作者认为，第一次世界大战的爆发是值得的。因为它扫荡了旧有的势力，开启了一个崭新的世界。亚、非、拉被压迫民族和殖民地人民开始觉醒，投入轰轰烈烈的民族解放运动之中，世界上因此诞生了很多独立、自由的国家。如何避免战争？作者认为需要一个从百姓角度考虑、有远见卓识、有目标的人才行。

延伸思考

1. 第一次世界大战的意义如何？
2. 作者对第一次世界大战的看法是什么样的？
3. 作者认为需要一个什么样的人来领导现代世界？

相关链接

文中提到的日俄战争，是1904年2月8日日本和俄国为了争夺中国东北的土地和资源而爆发的战争。这场战争在中国的土地上进行。1905年9月5日，双方签订了《朴次茅斯和约》，战争宣告结束。这场战争给中国人民带来了巨大的灾难。

名家心得

房龙对历史的理解，要胜过写出《世界简史》的威尔斯先生一千倍，而且他以同样富有趣味和更多的幽默进行写作。他写出了一本伟大的书，一本恒久的书。

——美国历史学家　查尔斯·比尔德

虽然《人类的故事》被认为是给孩子读的，但是我们认为，在成年人中能够找到更多的热心读者。

——《纽约时报》

读者感悟

读完《人类的故事》这本书后，我受益匪浅。这本书讲述了我们是谁，我们从哪里来，我们要去哪里。上下五千年，纵横数万里。

美国作家房龙娓娓讲述了人类数千年的文明发展史，让我了解了人的古往今来。作者用最朴实的语言讲述了历史的变迁，如国王们重新强大起来，骑士则沦落了。同时我明白了如果没有封建制度，欧洲是不可能安然度过那个黑暗时代的。我真没想到封建制度也有好的一面。对于欧洲来说，它拯救人民于水火之中；对于中国来说，老百姓人人憎恨它。我之前只知道有四大文明古国——古埃及、古印度、古巴比伦、中国，却对它们的故事一无所知。自从读了该书，我了解了这些。四大文明古国，它们都发生了一些美好和残忍的故事。

读书对我们来说有着很大的帮助，可以让我们摆脱愚昧，让我们了解更多的事情。同学们不要把时间都浪费了，快快拿起书，畅游在书的海洋里，翱翔在书的天空中吧！

阅读拓展

在房龙的作品中，拥有读者最多的一本就是《地球的故事》，这本书刚出版时，曾雄踞美国非虚构类作品排行榜榜首一年多的时间。后来发行西班牙文版本、意大利文版本时，其销量也一样居高不下，被称为出版史上的一个奇迹。

作者把高山、大海、人文、历史等关于地球家园的知识，都写成了一个个可读性强的小故事，令人在轻松愉悦的阅读中，收获地理知识。

在写作上，作者运用了文学手法，赋予知识以灵性，把自然地理的规律和人文地理的千姿百态展现在读者面前。

真题演练

1. 古埃及人发明了什么文字？（　　）

A. 象形文字

B. 字母文字

C. 楔形文字

2. 佛教的创始人是谁？（　　）

A. 穆罕默德

B. 悉达多

C. 耶稣

3. 文艺复兴时期，但丁最有名的作品是（　　）。

A.《蒙娜丽莎》

B.《神曲》

C.《英雄交响曲》

4. 拿破仑建立了（　　）。

A. 法兰西共和国

B. 法兰克王国

C. 法兰西第一帝国

5. 下列作品中属于贝多芬的是（　　）。

A.《蓝色多瑙河》

B.《天鹅湖》

C.《英雄交响曲》

1.A

2.B

3.B

4.C

5.C

爱阅读课程化丛书 / 快乐读书吧

外国经典文学馆					
序号	作品	序号	作品	序号	作品
1	七色花	31	格列佛游记	61	好兵帅克历险记
2	愿望的实现	32	我是猫	62	吹牛大王历险记
3	格林童话	33	父与子	63	哈克贝利·费恩历险记
4	安徒生童话	34	地球的故事	64	苦儿流浪记
5	伊索寓言	35	森林报	65	青　鸟
6	克雷洛夫寓言	36	骑鹅旅行记	66	柳林风声
7	拉封丹寓言	37	老人与海	67	百万英镑
8	十万个为什么（伊林版）	38	八十天环游地球	68	马克·吐温短篇小说选
9	希腊神话	39	西顿动物故事集	69	欧·亨利短篇小说选
10	世界经典神话与传说	40	假如给我三天光明	70	莫泊桑短篇小说选
11	非洲民间故事	41	在人间	71	培根随笔
12	欧洲民间故事	42	我的大学	72	唐·吉诃德
13	一千零一夜	43	草原上的小木屋	73	哈姆莱特
14	列那狐的故事	44	福尔摩斯探案集	74	双城记
15	爱的教育	45	绿山墙的安妮	75	大卫·科波菲尔
16	童　年	46	格兰特船长的儿女	76	母　亲
17	汤姆·索亚历险记	47	汤姆叔叔的小屋	77	茶花女
18	鲁滨逊漂流记	48	少年维特之烦恼	78	雾都孤儿
19	尼尔斯骑鹅旅行记	49	小王子	79	世界上下五千年
20	爱丽丝漫游奇境记	50	小鹿斑比	80	神秘岛
21	海底两万里	51	彼得·潘	81	金银岛
22	猎人笔记	52	最后一课	82	野性的呼唤
23	昆虫记	53	365 夜故事	83	狼孩传奇
24	寂静的春天	54	天方夜谭	84	人类群星闪耀时
25	钢铁是怎样炼成的	55	绿野仙踪	85	动物素描
26	名人传	56	王尔德童话	86	人类的故事
27	简·爱	57	捣蛋鬼日记	87	新月集
28	契诃夫短篇小说选	58	巨人的花园	88	飞鸟集
29	居里夫人传	59	木偶奇遇记	89	海的女儿
30	泰戈尔诗选	60	王子与贫儿		**陆续出版中……**

中国古典文学馆					
序号	作品	序号	作品	序号	作品
1	红楼梦	12	镜花缘	23	中华上下五千年
2	水浒传	13	儒林外史	24	二十四节气故事
3	三国演义	14	世说新语	25	中国历史人物故事
4	西游记	15	聊斋志异	26	苏东坡传
5	中国古代寓言故事	16	唐诗三百首	27	史　记
6	中国古代神话故事	17	小学生必背古诗词 70+80 首	28	中国通史

7	中国民间故事	18	初中生必背古诗文	29	资治通鉴
8	中国民俗故事	19	论　语	30	孙子兵法
9	中国历史故事	20	庄　子	31	三十六计
10	中国传统节日故事	21	孟　子		**陆续出版中……**
11	山海经	22	成语故事		

中国现当代文学馆

序号	作品	序号	作品	序号	作品
1	一只想飞的猫	36	高士其童话故事精选	71	大奖章
2	小狗的小房子	37	雷锋的故事	72	半半的半个童话
3	“歪脑袋”木头桩	38	中外名人故事	73	会走路的大树
4	神笔马良	39	科学家的故事	74	秃秃大王
5	小鲤鱼跳龙门	40	数学家的故事	75	罗文应的故事
6	稻草人	41	从文自传	76	小溪流的歌
7	中国的十万个为什么	42	小贝流浪记	77	南南和胡子伯伯
8	人类起源的演化过程	43	谈美书简	78	寒假的一天
9	看看我们的地球	44	女　神	79	古代英雄的石像
10	灰尘的旅行	45	陶奇的暑期日记	80	东郭先生和狼
11	小英雄雨来	46	长　河	81	红鬼脸壳
12	朝花夕拾	47	丁丁的一次奇怪旅行	82	赤色小子
13	骆驼祥子	48	小仆人	83	阿Q正传
14	湘行散记	49	旅　伴	84	故　乡
15	给青年的十二封信	50	王子和渔夫的故事	85	孔乙己
16	艾青诗选集	51	新同学	86	故事新编
17	狐狸打猎人	52	野葡萄	87	狂人日记
18	大林和小林	53	会唱歌的画像	88	彷　徨
19	宝葫芦的秘密	54	鸟孩儿	89	野　草
20	朝花夕拾·呐喊	55	云中奇梦	90	祝　福
21	小布头奇遇记	56	中华名言警句	91	北京的春节
22	“下次开船”港	57	中国古今寓言	92	济南的冬天
23	呼兰河传	58	雷锋日记	93	草　原
24	子　夜	59	革命烈士诗抄	94	母　鸡
25	茶　馆	60	小坡的生日	95	猫
26	城南旧事	61	汉字故事	96	匆　匆
27	鲁迅杂文集	62	中华智慧故事	97	落花生
28	边　城	63	严文井童话故事精选	98	少年中国说
29	小桔灯	64	仰望第一面五星红旗升起	99	可爱的中国
30	寄小读者	65	徐志摩诗歌	100	经典常谈
31	繁星·春水	66	徐志摩散文集	101	谁是最可爱的人
32	爷爷的爷爷哪里来	67	四世同堂	102	祖父的园子
33	细菌世界历险记	68	怪老头		**陆续出版中……**
34	荷塘月色	69	从百草园到三味书屋		
35	中国兔子德国草	70	背　影		